Saucen und Dips

CUP

Saucen und Dips

Samtig-cremig oder herzhaft-rustikal – hier kommt die Vollendung für Pasta, Fisch und Fleisch. Plus: Coole Dips für feurige Feten! Dazu extra: Fertigsaucen raffiniert verfeinern.

Text: Cornelia Adam

Fotos: Michael Brauner

Inhalt

Buttersauce

Zutaten für 4 Portionen:
1/4 l Kalbs- oder Geflügelfond (aus dem Glas oder selbst zubereitet)
200 ml trockener Weißwein
100 g eiskalte Butter
Salz, weißer Pfeffer

Zubereitungszeit: ca. 35 Min.
Pro Portion ca.: 945 kJ/225 kcal · 1 g E · 21 g F · 2 g KH

Paßt zu:
allen zarten Speisen wie Geflügel, Kaninchen, gekochtem Kalbfleisch, aber auch zu Fisch

VIELSEITIG

1 Den Fond mit dem Weißwein in einen kleinen Topf füllen und offen bei mittlerer Hitze um ein Drittel einkochen lassen.

2 Die eiskalte Butter in kleine Stücke schneiden und nach und nach mit dem Pürierstab oder dem Schneebesen unterschlagen. (Nicht mehr kochen lassen, da die Sauce sonst gerinnt.) Falls die Sauce zu dünn ist, mehr Butter nehmen.

3 Die Sauce mit Salz und Pfeffer abschmecken.

Varianten:
Die Sauce läßt sich gut abwandeln, indem Sie zusätzlich
- frisch gehackte Kräuter untermischen,
- Schalotten mit andünsten,
- gedünstete Champigonscheiben unterrühren,
- mit Senf oder Safran, Aceto Balsamico oder Zitronensaft würzen.

Basics und Classics

Brauner Bratenfond

Zutaten für ca. 1 l:

1 große Zwiebel
1 Knoblauchzehe
2 Bund Suppengrün
1 kg Fleischknochen (vom Rind, Schwein oder Lamm)
2 EL Öl
3 EL Tomatenmark
$^{1}/_{2}$ l Rotwein
1 Lorbeerblatt
1 EL Pfefferkörner
Salz

Zubereitungszeit: ca. 2 $^{1}/_{2}$ Std.

Paßt zu:
Als Basis für alle Saucen zu Braten und Ragouts

FÜR DEN VORRAT

1 Zwiebel und Knoblauch schälen und hacken. Suppengrün waschen und kleinschneiden.

2 Die Fleischknochen abspülen und trockentupfen. In einem Bräter das Öl erhitzen und die Knochen bei starker Hitze braun anbraten. Das Gemüse dazugeben und ebenfalls bräunen lassen. Das Tomatenmark unterrühren. Mit dem Rotwein ablöschen, aufkochen und bei mittlerer Hitze um die Hälfte einkochen lassen.

3 Das Lorbeerblatt und die Pfefferkörner dazugeben. Mit 1 $^{1}/_{2}$ l Wasser aufgießen, aufkochen lassen und halb zugedeckt wieder um die Hälfte reduzieren. Dabei immer wieder den Schaum mit einem Schaumlöffel abschöpfen.

4 Den fertigen Fond durch ein Sieb gießen und mit Salz würzen. Nach Belieben abkühlen lassen und die Fettschicht entfernen.

extra

Ideen zum Abwandeln und Verfeinern: Der Fond kann mit Sahne oder Crème fraîche verfeinert werden. Sie können ihn mit kalter Butter aufmixen und beliebig mit Gewürzen variieren.
Für den Vorrat: Am besten gleich eine größere Menge zubereiten und einfrieren.

Geflügelfond

Zutaten für ca. 1 l:

1 mittelgroße Lauchstange
2 Stangen Staudensellerie
ca. 100 g Knollensellerie
1 mittelgroße Möhre
1 mittelgroße Zwiebel
1 Knoblauchzehe
ca. 1 kg Geflügelkarkassen (wie Flügel, Haut, Hals)
$^{1}/_{2}$ l trockener Weißwein (siehe Varianten)
je 1 kleiner Zweig Rosmarin und Thymian
1 EL weiße Pfefferkörner

Zubereitungszeit: ca. 2 $^{1}/_{2}$ Std.

Paßt zu:
Als Basis für alle hellen Saucen, besonders natürlich solche, die für Geflügelgerichte verwendet werden

BRAUCHT ZEIT

1 Den Lauch und den Stangensellerie putzen, waschen und in grobe Stücke schneiden. Den Knollensellerie, die Möhre, die Zwiebel und den Knoblauch schälen und alles grob hacken.

2 Die Geflügelkarkassen kalt abspülen und mit dem Gemüse in einen größeren Topf geben. Mit dem Weißwein aufgießen und offen bei mittlerer Hitze die Hälfte einkochen lassen.

3 Den Thymian mit dem Rosmarin und den Pfefferkörnern hinzufügen. 1 $^{1}/_{2}$ l Wasser dazugießen, aufkochen und die Brühe in gut 2 Std. auf etwa 1 l einkochen lassen. Dabei immer wieder den Schaum mit einem Schaumlöffel entfernen.

4 Geflügelfond durch ein feines Sieb gießen und mit Salz würzen.

Varianten:
Ebenso können Sie Fleischfond mit Wild-, Kalbs- oder Rinderknochen zubereiten.
Anstelle des Weißweins kann man auch Rotwein verwenden oder den Wein ganz weglassen und durch Wasser ersetzen.

Variante für braune Saucen
Gemüse dazugeben und kurz mitbraten. Dann erst ablöschen und einkochen lassen.

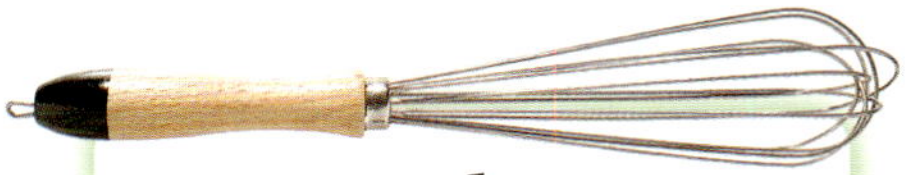

extra

Idee für die schlanke Linie: Den Geflügelfond entfetten, indem Sie ihn abkühlen lassen und die entstandene Fettschicht abheben (Seite 117).

Fischfond

Zutaten für ca. 1 l:

2 Zwiebeln
1 Möhre
2 Stangen Staudensellerie
1 dünne Lauchstange
1/2 Bund Petersilie
1 Zweig Thymian
2 Lorbeerblätter
1 EL weiße Pfefferkörner
1/2 TL Salz
1 kg Fischgräten und -köpfe
1/2 l trockener Weißwein

Zubereitungszeit: ca. 1 Std.

Paßt zu:
Als Basis für alle Saucen zu Fisch und Meeresfrüchten

KLASSISCH

1 Die Zwiebeln und die Möhre schälen und grob zerschneiden. Den Sellerie und den Lauch putzen, waschen und in Stücke schneiden. Alles in einen großen Topf füllen.

2 Die Petersilie abbrausen und mit dem Thymian, den Lorbeerblättern, den Pfefferkörnern, dem Salz und den Fischgräten und -köpfen hinzufügen. Alles mit dem Wein und 1 l Wasser bedecken.

3 Alles offen langsam aufkochen lassen, den dabei entstehenden Schaum nicht abschöpfen, da er den Sud klärt. Ca. 30 Min. bei schwacher Hitze ziehen lassen. Dann den Fischfond durch ein feines Sieb oder Tuch filtern.

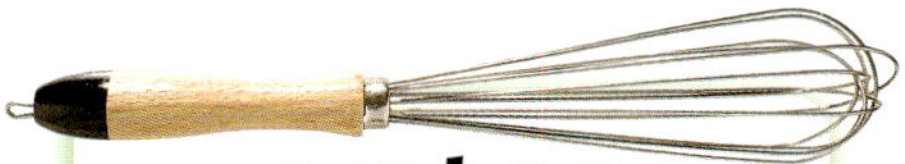

extra

Für den Vorrat: Am besten portionsweise einfrieren. Gut geht das in Eiswürfelbehältern, dann kann man den Fond gut nach Bedarf dosieren.

Gemüsefond

Zutaten für ca. 1 l:

2 mittelgroße Lauchstangen
3 Stangen Staudensellerie
2 mittelgroße Möhren
1 Zwiebel
2 Knoblauchzehen
2 EL Olivenöl
1 kleines Lorbeerblatt
1 TL weiße Pfefferkörner
Salz

Zubereitungszeit: ca. 2 1/2 Std.

Paßt zu:
Als Basis für vegetarische Saucen und Suppen

BRAUCHT ZEIT

1 Den Lauch und den Sellerie putzen, waschen und in grobe Stücke schneiden. Die Möhren, die Zwiebel und den Knoblauch schälen. Alles Gemüse grob hacken.

2 Das Olivenöl in einem großen Topf erhitzen und das Gemüse darin 5 Min. andünsten. Das Lorbeerblatt mit den Pfefferkörnern hinzufügen.

3 Mit 2 l Wasser aufgießen, aufkochen und bei mittlerer Hitze, halb zugedeckt gut 2 Std. auf etwa 1 l einkochen lassen. Dabei immer wieder den Schaum mit einem Schaumlöffel entfernen.

4 Den Gemüsefond durch ein feines Sieb gießen und mit Salz würzen.

extra

Für den Vorrat: Am besten gleich eine größere Menge zubereiten und portionsweise einfrieren.

Sauce hollandaise

Zutaten für 4 Portionen:

200 g Butter
3 ganz frische Eigelbe
Zitronensaft
Salz, weißer Pfeffer

Zubereitungszeit: 15 Min.
Pro Portion ca.: 1790 kJ/430 kcal ·
3 g E · 46 g F · 0 g KH

Paßt zu:

Klassisch zu grünem und weißem Spargel; außerdem zu allem gedünsteten Gemüse, Fisch und Meeresfrüchten

KLASSISCH

1 Die Butter in einem kleinen Topf bei schwacher Hitze schmelzen. Den Topf vom Herd nehmen und den Schaum mit einem Schaumlöffel abnehmen. Ein Wasserbad vorbereiten (S. 114).

2 Eigelbe mit 1 EL Wasser in der Metallschüssel verrühren und ins leicht siedende Wasserbad stellen.

3 Die flüssige Butter erst tropfenweise, dann in einem dünnen Strahl dazugießen und dabei ständig mit den Schneebesen des Handrührgeräts schlagen, bis eine cremige Sauce entstanden ist. Die Sauce mit Zitronensaft, Salz und Pfeffer abschmecken.

Varianten:

Sauce mousseline

Die Sauce hollandaise mit 150 g Butter und 2 Eigelben zubereiten. Dann 200 g geschlagene Sahne unterheben und mit Salz, Pfeffer, Cayennepfeffer und Zitronensaft abschmecken. Paßt zu gedünstetem Geflügel und zu Gemüse.

Sauce anisée

Anstelle des Zitronensaftes 2 EL Anisschnaps (Pernod, Ouzo) und 1–2 EL feingehacktes Fenchelgrün einrühren. Zu gedünstetem und zu gegrilltem Fisch, zu Scampi oder Jakobsmuscheln.

Sauce béarnaise

Zutaten für 4 Portionen:

50 ml trockener Weißwein
50 ml Weißweinessig
2 Schalotten
2–3 Stengel Estragon
50 g Kerbel
3 ganz frische Eigelbe
200 g Butter
Salz, weißer Pfeffer

Zubereitungszeit: ca. 20 Min.
+ Abkühlzeit
Pro Portion ca.: 1870 kJ/450 kcal ·
3 g E · 46 g F · 3 g KH

Paßt zu:

Rindersteak, einer Gemüseplatte, pochierten Eiern, Geflügel oder gedünstetem Fisch

GUT VORZUBEREITEN

1 Den Weißwein mit dem Essig in einen kleinen Topf füllen. Die Schalotten schälen und fein hacken. Die Kräuter waschen, trockentupfen und die Blättchen fein hacken.

2 Die Schalotten mit der Hälfte der Kräuter in den Topf geben und die Flüssigkeit bei schwacher Hitze offen um die Hälfte einkochen lassen. Den Sud ganz abkühlen lassen und durch ein feines Sieb gießen.

3 Ein Wasserbad vorbereiten (Seite 114). Die Eigelbe in einer Metallschüssel verrühren. Im leise siedenden Wasserbad nach und nach die Butter dazugeben. Weiterschlagen, bis die Sauce cremig ist.

4 Den Kräutersud und die restlichen Kräuter unterrühren. Die Sauce mit Salz und Pfeffer abschmecken.

Varianten:

Sauce paloise

Die Sauce béarnaise ohne Estragon zubereiten, dafür 1 kleines Bund frische Minze fein hacken und unterheben. Schmeckt ganz besonders gut zu Lamm.

Sauce Choron

1 große Fleischtomate überbrühen, häuten, entkernen und klein würfeln. 1 EL Tomatenmark unter die Sauce béarnaise rühren und zum Schluß Würfel von 1 großen Fleischtomate unterheben. Gut zu pochierten Eiern und gedünstetem Fisch.

Béchamelsauce

Zutaten für 4 Portionen:
100 g Butter
50 g Mehl
1/2 l Milch
Salz, weißer Pfeffer
Muskatnuß, frisch gerieben

Zubereitungszeit: ca. 20 Min.
Pro Portion ca.: 1295 kJ/310 kcal · 6 g E · 25 g F · 15 g KH

Paßt zu:
Basissauce, die auch für Soufflés, Aufläufe und Gratins verwendet werden kann

KLASSISCH

1 Die Butter in einen Topf geben und bei schwacher Hitze schmelzen. Das Mehl dazugeben und unter Rühren leicht andünsten, ohne zu bräunen.

2 Die Milch langsam dazufließen lassen und dabei ständig mit dem Schneebesen rühren. Die Sauce bei schwacher Hitze unter ständigem Rühren aufkochen lassen. Dann 10–15 Min. köcheln lassen, bis die Sauce eine cremige Konsistenz bekommen hat, dabei ab und zu umrühren.

3 Die Béchamelsauce mit Salz, Pfeffer und Muskat würzen.

extra

Ideen zum Abwandeln: Man kann die Hälfte der Milch auch durch Sahne ersetzen, dann ist die Sauce allerdings sehr gehaltvoll. Würziger wird die Sauce, wenn man mit der Butter 2 kleingehackte Schalotten und/oder Knoblauch andünstet.
Ideen für die schlanke Linie: Die Buttercreme halbieren und die Vollmilch durch fettarme Milch ersetzen.

Varianten:

Sauce Moutarde
In die fertige Béchamelsauce 3 EL Dijon-Senf oder mildere Senfsorten unterrühren. Gut zu gegrillten Heringen oder pochierten Eiern.

Currysauce
Anstatt der Milch je 1/4 l Hühnerbrühe und Sahne verwenden und 1–2 EL Currypulver unterrühren. Als Basis für Hähnchen oder Lammragout, auch zu Gemüsereis.

Sauce Mornay
Unter die fertige Béchamelsauce 100 g geriebenen Appenzeller, Comté oder Emmentaler untermischen. Bei ganz schwacher Hitze rühren, bis der Käse geschmolzen ist, dann 2 Eigelbe unterrühren, aber nicht mehr aufkochen lassen. Ideal zum Gratinieren, zu gedünstetem Gemüse, für Aufläufe.

Mayonnaise

Zutaten für 4 Portionen:
2 ganz frische Eigelbe
1 Prise Salz
1 TL Dijon-Senf
1/4 l neutrales Öl
weißer Pfeffer
1 EL Zitronensaft

Zubereitungszeit: ca. 15 Min.
Pro Portion ca.: 1420 kJ/340 kcal · 2 g E · 37 g F · 0 g KH

Paßt zu:
Scampis, kaltem Lachs, gegrilltem Fisch und Fleisch, zu gekochten Eiern, als Salatsauce oder als Dip

Berühmtes Rezept

1 Die Eier etwa 30 Min. vor der Zubereitung aus dem Kühlschrank nehmen, sie sollten dieselbe Temperatur haben wie die übrigen Zutaten.

2 Dann die Eigelbe mit dem Salz und dem Senf verrühren und etwas stehenlassen.

3 Das Öl erst tropfenweise, dann in dünnem Strahl dazugießen und dabei mit den Schneebesen des Handrührgeräts ständig schlagen, bis eine cremige Sauce entstanden ist. Zum Schluß mit Salz und Pfeffer abschmecken.

Varianten:

Safran-Mayonnaise
1 Prise gemahlenen Safran und ein paar Safranfäden unter die Mayonnaise rühren. Besonders fein zu edlen Fischgerichten.

Basilikum-Mayonnaise
Die Mayonnaise mit Basilikum zubereiten. Die Blättchen von 2–3 Bund Basilikum (je nach Größe) mit 1 geschälten Knoblauchzehe und 1 EL Olivenöl pürieren und unter die Mayonnaise mischen. Lecker zu kaltem Fisch.

Knoblauch-Mayonnaise Aïoli
Die Mayonnaise ohne Senf und statt mit neutralem Öl mit Olivenöl herstellen. 4–6 Knoblauchzehen schälen, dazupressen und untermischen. Hervorragend zu gegrilltem oder fritiertem Fisch und zu Fleischfondue.

Sauce Tartare
1 kleines Bund frische Kräuter, 4 Cornichons, 1 Schalotte und 2 EL Kapern sehr fein hacken und untermischen. Zu paniertem Fisch, zu Fondue, zu gebratenem Gemüse.

Sauce Cocktail
Unter die Mayonnaise 2–3 EL Tomatenketchup rühren. Zu Meeresfrüchten, auch als Dip und Salatsauce.

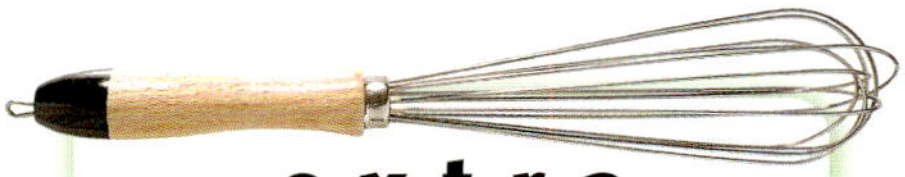

extra

Ideen für die schlanke Linie: Lieber mehr Eigelbe, dafür weniger Öl verwenden.
Oder die fertige Mayonnaise folgendermaßen »erleichtern«: 150 g Magerjoghurt oder 150 g Magerquark mit etwas Mineralwasser glattrühren und unter die Mayonnaise heben.

Vinaigrette (Essig-Öl-Sauce)

Zutaten für 4 Portionen:
2 EL Rotwein- oder Weißweinessig
Salz
6 EL Olivenöl
schwarzer Pfeffer

Zubereitungszeit: ca. 5 Min.
Pro Portion ca.: 570 kJ/135 kcal · 0 g E · 15 g F · 0 g KH

Paßt zu:
allen Arten von Salat: Blattsalat, Fleischsalat, Gemüsesalat

SCHMECKT IMMER WIEDER ANDERS

1 Den Essig mit dem Salz verrühren, bis es sich aufgelöst hat. Das Olivenöl langsam mit dem Pürierstab oder dem Schneebesen unterschlagen, bis eine cremige Sauce entstanden ist. Die Sauce mit dem Pfeffer abschmecken.

Varianten:
Nach Belieben je 1–2 TL Dijon-Senf, Kräutersenf, süßen Senf, Tomatenmark, Meerrettich, Pesto, Tapenade (Olivencreme) oder Honig untermischen.
Und/oder frische, feingehackte Kräuter, Schalotten oder Zwiebeln und/oder Knoblauch, gehackte Oliven oder Kapern dazugeben. Die Vinaigrette mit unterschiedlichen Essig- und Ölsorten zubereiten.

extra
Idee für die schlanke Linie: Weniger Öl, dafür viel frische, feingehackte Kräuter verwenden.

Zitronensauce mit saurer Sahne

Zutaten für 4 Portionen:
150 g saure Sahne
3–4 EL Zitronensaft
2 EL geschmacksneutrales Öl (z. B. Sojaöl oder Erdnußöl)
Salz, weißer Pfeffer
1 Prise Muskatnuß, frisch gerieben
1 Msp. Cayennepfeffer
1 Prise Zucker

Zubereitungszeit: ca. 5 Min.
Pro Portion ca.: 350 kJ/85 kcal · 1 g E · 8 g F · 2 g KH

Paßt zu:
Eier-, Gemüse-, Kartoffel-, Geflügelsalat, auf dünn aufgeschnittenes Kalbfleisch, zu Scampi

LEICHT

1 Die saure Sahne mit dem Zitronensaft und dem Öl in einen Rührbecher geben. Mit dem Pürierstab aufschlagen. Oder im Mixaufsatz der Küchenmaschine aufschlagen. Die Sauce mit Salz, Pfeffer, Muskat, Cayennepfeffer und Zucker abschmecken.

Variante
Blue Cheese Dressing
100 g Blauschimmelkäse von der Rinde befreien und mit 100 g saurer Sahne in einen Rührbecher geben. Mit dem Mixstab aufschlagen und mit Salz, Pfeffer, Muskat und Zitronensaft würzen.
Nach Belieben 2 EL feingehackte Petersilie unterrühren.

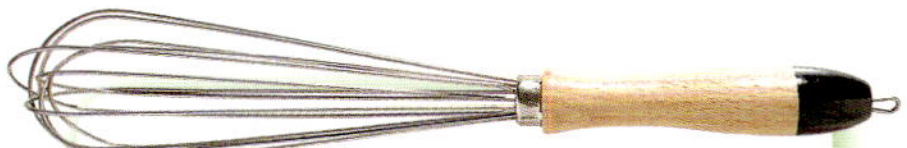

extra
Für den Vorrat: Gleich mehr Sauce zubereiten und in ein Schraubglas in den Kühlschrank stellen. Vor dem Verwenden immer kurz durchschütteln. Hält sich so ca. 1 Woche.
Ideen zum Abwandeln: In die Salatsauce nach Belieben Zwiebel, Schalotten und/oder feingehackte Kräuter wie Schnittlauch, Kresse, Basilikum oder Rucola geben. Besonders gut schmeckt eine Mischung aus verschiedenen Kräutern mit Knoblauch und Zwiebel.

Zitronensahne mit Garnelen

Zutaten für 4 Portionen:

3 Zitronen, davon 1 unbehandelt
1 Bund Basilikum · 2 Schalotten
1 Knoblauchzehe
1 EL Butter · 250 g Crème fraîche
Salz · Pfeffer
1 Msp. Cayennepfeffer
1 Msp. Zucker
250 g Tiefseegarnelen, gegart und geschält (oder Surimi)

Zubereitungszeit: ca. 20 Min.
Pro Portion ca.: 1345 kJ/320 kcal · 16 g E · 28 g F · 6 g KH

Paßt zu:

Linguine oder Tagliatelle, aber auch ganz fein zu Seeteufel

EXKLUSIV

1 Die unbehandelte Zitrone heiß abwaschen und abtrocknen. Die Schale dünn abschälen und in ganz feine Streifen schneiden. Den Saft auspressen. Von den restlichen Zitronen auch die weiße Innenhaut abschälen. Dann die Zitronenfilets aus den Häutchen schneiden und beiseite legen. Das Basilikum waschen, trockentupfen und die Blättchen in schmale Streifen schneiden. Schalotten und Knoblauch schälen und fein hacken.

2 Die Butter in einem kleinen Topf schmelzen. Schalotten und Knoblauch darin andünsten. Zitronensaft und Crème fraîche dazugeben und ca. 10 Min. köcheln lassen.

3 Die Sauce mit Salz, Pfeffer, Cayennepfeffer und Zucker würzen, die Zitronenschalen und die Garnelen kurz erwärmen. Zum Schluß das Basilikum mit den Zitronenschnitzen untermischen.

Pasta-Hits

Lachssahne mit Kresse

Zutaten für 4 Portionen:

1 rote Peperoni
2 Schalotten
1 EL Butter
200 ml trockener Weißwein
200 ml Fischfond
150 g Crème double
1 EL Meerrettich
Salz, weißer Pfeffer
1 Prise Muskatnuß, frisch gerieben
400 g Räucherlachs in Scheiben
Kresse

Zubereitungszeit: ca. 20 Min.
Pro Portion ca.: 2045 kJ/490 kcal · 29 g E · 37 g F · 4 g KH

Paßt zu:
Linguine oder Vermicelli

EXKLUSIV

1 Die Peperoni längs halbieren, entkernen, waschen und in kleine Würfel schneiden. Die Schalotten schälen und fein hacken. Die Butter in einem kleinen Topf schmelzen. Die Schalotten mit der Peperoni darin andünsten.

2 Mit dem Weißwein ablöschen, aufkochen und bei mittlerer Hitze um die Hälfte einkochen lassen. Fischfond, Crème double und Meerrettich untermischen. Mit Salz, Pfeffer und Muskat würzen und bei schwacher Hitze ca. 5 Min. zugedeckt köcheln lassen.

3 Den Räucherlachs in schmale Streifen schneiden. Die Kresse abbrausen. Die Blättchen über dem Topf mit einer Küchenschere abschneiden und untermischen. Die Lachsstreifen in die Sauce geben und kurz erwärmen.

extra

Idee zum Abwandeln: Anstelle von Lachs passen auch Tiefseegarnelen.
Idee für die schlanke Linie: Anstelle von Crème double Quark verwenden, den aber erst zum Schluß einrühren und nicht kochen.

Artischockensauce mit Thunfisch

Zutaten für 4 Portionen:

1 Zwiebel
1 Möhre
2 EL Olivenöl
400 g Artischockenherzen (aus dem Glas)
400 ml Gemüsebrühe
1 Dose Thunfisch im eigenen Saft
1 Bund Rucola
Salz, schwarzer Pfeffer
1 EL Zitronensaft

Zubereitungszeit: ca. 20 Min.
Pro Portion ca.: 745 kJ/180 kcal · 10 g E · 7 g F · 8 g KH

Paßt auch zu:
Puten- oder Kalbsschnitzel

RAFFINIERT

1 Die Zwiebel schälen und fein hacken. Die Möhre putzen, waschen und in winzig kleine Würfel schneiden.

2 Das Olivenöl in einem Topf erhitzen, die Zwiebel und die Möhre darin andünsten. Artischockenherzen in einem Sieb abtropfen lassen, dann grob zerschneiden und in den Topf geben.

3 Die Gemüsebrühe dazugießen, aufkochen und ca. 10 Min. köcheln lassen. Inzwischen den Thunfisch abgießen und zerkleinern. Die Rucola putzen, waschen und nicht ganz fein hacken.

4 Den Topfinhalt pürieren und mit Salz und Pfeffer würzen. Den Thunfisch untermischen und erwärmen. Die Sauce mit Zitronensaft abschmecken und die Rucola untermischen.

extra

Aus dem Vorrat: Artischocken und Thunfisch kann man prima im Vorratsschrank haben.
Für einen Dip: Kalt ist die Sauce ein Super-Dip. Dann weniger Brühe verwenden. Sie läßt sich auch gut vorbereiten.

Mettsauce mit Rotwein

Zutaten für 4 Portionen:

1 mittelgroße Zwiebel
2 EL Olivenöl
300 g grobes Schweinemett
2 EL Tomatenmark
200 ml Rotwein
Salz, schwarzer Pfeffer
1 Prise Kümmel, gemahlen
$^1/_4$ l Fleischbrühe
1 Zweig Rosmarin
1 TL Anissamen

Zubereitungszeit: ca. 25 Min.
Pro Portion ca.: 1420 kJ/340 kcal · 13 g E · 29 g F · 4 g KH

Paßt auch zu:
Gnocchi, Kartoffeltortilla oder Gemüse

DEFTIG

1 Die Zwiebel schälen und fein hacken. In einer Pfanne das Olivenöl erhitzen und die Zwiebel darin andünsten. Das Mett in die Pfanne geben und bei starker Hitze kurz braten, dabei mit einer Gabel zerteilen. Das Tomatenmark untermischen.

2 Mit dem Rotwein ablöschen, aufkochen und bei mittlerer Hitze um die Hälfte einkochen lassen. Mit Salz, Pfeffer und Kümmel würzen, mit der Fleischbrühe aufgießen und den Rosmarinzweig und die Anissamen dazugeben. Die Sauce noch einmal ca. 10 Min. einkochen lassen, so daß die Sauce nicht mehr sehr flüssig, aber trotzdem saftig ist.

3 Den Rosmarinzweig herausnehmen und wegwerfen. Die Sauce abschmecken.

extra

Ideen zum Abwandeln: Anstelle von Mett grobe Bratwurst oder Hackfleisch verwenden.
Wenn Kinder mitessen, den Wein durch Fleischbrühe ersetzen.
Idee für die schlanke Linie: Das Schweinemett durch mageres Rinderhack ersetzen oder durch kleingewürfeltes Putenfleisch.

Chicoréesauce mit Hähnchen

Zutaten für 4 Portionen:

3 Hähnchenbrustfilets
4 EL Sonnenblumenöl
500 g Chicorée
1 Knoblauchzehe
Salz, weißer Pfeffer
1 Prise Muskatnuß, frisch gerieben
100 ml trockener Weißwein (oder Brühe)
300 ml Geflügelbrühe
200 g Doppelrahm-Frischkäse
1 EL Zitronensaft
1 Bund Schnittlauch

Zubereitungszeit: ca. 30 Min.
Pro Portion ca.: 1850 kJ/445 kcal · 40 g E · 26 g F · 40 g KH

Paßt zu:
grünen Lasagneblättern. Gut auch zum Gratinieren

RAFFINIERT

1 Die Hähnchenbrustfilets waschen und trockentupfen und in größere Würfel schneiden. 2 EL Öl in einem breiten Topf erhitzen. Hähnchenwürfel darin ca. 5 Min. kräftig anbraten, herausnehmen und beiseite stellen.

2 Den Chicorée putzen, waschen und in schmale Streifen schneiden. In den Topf geben und im restlichen Öl kurz andünsten. Den Knoblauch schälen und dazupressen. Mit Salz, Pfeffer und Muskat würzen. Mit dem Weißwein ablöschen und die Geflügelbrühe angießen. Aufkochen lassen und zugedeckt bei schwacher Hitze ca. 10 Min. garen.

3 Den Frischkäse in die Sauce rühren und aufkochen lassen. Die Sauce pürieren und mit Zitronensaft abschmecken. Die Hähnchenwürfel untermischen und kurz in der Sauce erwärmen. Inzwischen den Schnittlauch waschen, trockentupfen und in kleine Röllchen schneiden. Zum Schluß in die Sauce rühren.

extra

Ideen zum Abwandeln: Den Chicorée durch Lauch ersetzen, dann wird die Sauce herzhafter. So wird eine Suppe draus: $^1/_2$ l Geflügelbrühe dazugießen.
Idee für die schlanke Linie: Frischkäse durch Kräuterquark ersetzen. Dann erst zum Schluß einrühren und nicht mehr aufkochen.

Radicchiosauce mit Schinken

Zutaten für 4 Portionen:

1 großer Kopf Radicchio
200 g Lachsschinken am Stück
1 Knoblauchzehe
2 EL Butter
400 ml Fleischbrühe
250 g Mascarpone
50 g Parmesan, frisch gerieben
2 EL Aceto Balsamico
Salz, schwarzer Pfeffer

Zubereitungszeit: ca. 25 Min.
Pro Portion ca.: 1945 kJ/465 kcal · 23 g E · 39 g F · 5 g KH

Paßt zu:
zu kurzen Nudeln, auch zu Schweinemedaillons, Koteletts oder Fleischbällchen

RAFFINIERT

1 Den Radicchio putzen, vierteln, vom Strunk befreien und in schmale Streifen schneiden. Den Lachsschinken in kleine Würfel schneiden. Den Knoblauch schälen und klein würfeln.

2 Die Butter in einer großen Pfanne schmelzen und den Lachsschinken darin kurz und kräftig anbraten. Herausnehmen und beiseite stellen.

3 Die Radicchioblätter und den Knoblauch in die Pfanne geben und kurz andünsten. Mit der Brühe ablöschen, den Mascarpone unterrühren und die Sauce bei mittlerer Hitze zugedeckt ca. 5 Min. köcheln lassen.

4 Die Sauce pürieren. Den Parmesan untermischen und bei mittlerer Hitze unter Rühren schmelzen. Die Sauce mit Aceto Balsamico, Salz und Pfeffer abschmecken. Zum Schluß die Schinkenwürfel dazugeben und kurz erwärmen.

Putenlebersauce mit Steinpilzen

Zutaten für 4 Portionen:

30 g getrocknete Steinpilze
400 g Putenleber
1 Zwiebel
2 Knoblauchzehen
2 EL Olivenöl
2 EL Pesto (aus dem Glas)
1 EL Tomatenmark
Salz, schwarzer Pfeffer
125 ml Rotwein
1/4 l Geflügelbrühe
1 Rosmarinzweig
1 TL Rotweinessig
Petersilie

Zubereitungszeit: ca. 30 Min.
Pro Portion ca.: 1095 kJ/260 kcal · 26 g E · 14 g F · 5 g KH

Paßt zu:
breiten Nudeln und Putenschnitzel

GEHALTVOLL

1 Die Steinpilze mit 1/4 l kochendem Wasser übergießen und ca. 15 Min. ziehen lassen. Die Putenlebern waschen, trockentupfen und grob zerschneiden.

2 Zwiebel und Knoblauch schälen und hacken. 1 EL Olivenöl in einem Topf erhitzen. Leber ca. 5 Min. kräftig anbraten, herausnehmen und beiseite stellen.

3 Das restliche Olivenöl in dem Topf erhitzen. Zwiebel und Knoblauch bei schwacher Hitze andünsten. Pilze etwas ausdrücken, grob hacken und ca. 5 Min. mitdünsten. Die Pilzflüssigkeit durch einen Kaffeefilter gießen.

4 Pesto und Tomatenmark unterrühren, salzen und pfeffern. Rotwein, Geflügelbrühe und Pilzwasser angießen. Rosmarinzweig hinzufügen. Die Sauce aufkochen und bei schwacher Hitze zugedeckt ca. 10 Min. köcheln lassen. Dann den Rosmarin herausnehmen und wegwerfen.

5 Die Sauce mit Rotweinessig abschmecken. Die Leber in der Sauce erwärmen. 2 EL feingehackte Petersilie in die Sauce rühren.

extra

Für einen Aufstrich: Die abgekühlte Sauce mit 100 g weicher Butter mischen, mindestens 2 Std. kalt stellen und zu getoastetem Baguette reichen.

Spinatsauce mit Schafkäse und Pinienkernen

Zutaten für 4 Portionen:

300 g Blattspinat (tiefgekühlt)
2 Knoblauchzehen
1 kleine Zwiebel
2 EL Olivenöl
400 ml Gemüsebrühe
200 g Schafkäse
Salz, schwarzer Pfeffer
1 Prise Muskatnuß, frisch gerieben
3 EL Pinienkerne
50 g schwarze Oliven, entsteint

Zubereitungszeit: ca. 25 Min.
Pro Portion ca.: 835 kJ/200 kcal · 13 g E · 17 g F · 6 g KH

Paßt auch zu:
gekochtem Geflügel oder Rindfleisch

SÜDLÄNDISCH

1 Den Spinat nach Packungsanweisung auftauen und grob hacken. Den Knoblauch und die Zwiebel schälen und fein hacken. In einer Kasserolle das Olivenöl erhitzen. Die Zwiebel und den Knoblauch darin andünsten, den Spinat dazugeben.

2 Mit der Gemüsebrühe aufgießen und aufkochen lassen. Schafkäse zerbröckeln und untermischen. Spinat mit Salz, Pfeffer und Muskat würzen. Alles bei schwacher Hitze ca. 10 Min. zugedeckt köcheln lassen.

3 Die Pinienkerne in einer trockenen Pfanne kurz anrösten. Die Oliven grob hacken. Spinatsauce pürieren und abschmecken. Die Oliven und die Pinienkerne untermischen.

extra

Für den Vorrat: Alle Zutaten kann man gut als Vorrat zu Hause haben.
Ideen für die schlanke Linie: 100 g Schafkäse verwenden und auf Pinienkerne und Oliven verzichten.

Kalbssugo mit Zitrone

Zutaten für 4 Portionen:

400 g Kalbfleisch aus der Unterschale
3 Frühlingszwiebeln
2 EL Olivenöl
Salz, weißer Pfeffer
$^1/_4$ l Fleischbrühe
150 g Créme fraîche
1 EL abgeriebene Zitronenschale
1 Zweig Thymian
1 Lorbeerblatt
1 EL Zitronensaft

Zubereitungszeit: ca. 30 Min.
Pro Portion ca.: 1200 kJ/290 kcal · 23 g E · 22 g F · 2 g KH

Paßt zu:
Linguine oder Papardelle

RAFFINIERT

1 Das Kalbfleisch waschen, trockentupfen und in schmale Streifen schneiden. Die Frühlingszwiebeln putzen, waschen und den weißen Teil fein hacken, den grünen Teil in schmale Ringe schneiden.

2 Das Olivenöl in einer Pfanne erhitzen. Die Kalbfleischstreifen mit den gehackten Zwiebeln darin unter Rühren, ca. 15 Min. kräftig anbraten. Mit Salz und Pfeffer würzen.

3 Die Frühlingszwiebelringe untermischen und kurz andünsten. Die Fleischbrühe und die Crème fraîche dazugießen, die Zitronenschale unterrühren. Den Thymianzweig abbrausen und mit dem Lorbeerblatt dazugeben. Alles aufkochen und ca. 10 Min. zugedeckt bei mittlerer Hitze köcheln lassen, bis die Sauce leicht cremig wird.

4 Den Thymianzweig und das Lorbeerblatt aus der Sauce nehmen und wegwerfen. Die Sauce mit Zitronensaft abschmecken und, falls nötig, nachwürzen.

extra

Für den Vorrat: Den Kalbfleischsugo kann man gut vorbereiten und einfrieren.
Idee für die schlanke Linie: Statt Kalb Putenfleisch nehmen (nur 5 Min. anbraten). Die Crème fraîche durch Kräuterquark ersetzen, aber erst zum Schluß einrühren und nicht mehr kochen.

Zutaten für 4 Portionen:

250 g Champignons
3 Knoblauchzehen
1 mittelgroße Zwiebel
2 EL Olivenöl
200 ml trockener Weißwein
200 g Sahne
1 Bund glatte Petersilie
1 Bund Basilikum
1 Bund Rucola
Salz, weißer Pfeffer

Zubereitungszeit: ca. 25 Min.
Pro Portion ca.: 735 kJ/175 kcal ·
3 g E · 12 g F · 6 g KH

Paßt zu:

Bandnudeln, gedünstetem Fisch, gebratener Hähnchenbrust, pochierten Eiern, Ofenkartoffeln und Spargel

VEGETARISCH

Champignon-Kräuter-Sauce

1 Die Champignons putzen, kurz abbrausen und in Scheiben schneiden. Den Knoblauch und die Zwiebel schälen und klein würfeln. Das Olivenöl in einem Topf erhitzen. Die Zwiebel- und Knoblauchwürfel darin glasig dünsten. Die Champignons dazugeben und dünsten, bis fast alle Flüssigkeit verdunstet ist.

2 Mit dem Weißwein ablöschen, aufkochen und bei mittlerer Hitze offen etwas einkochen lassen. Die Sahne unterrühren und alles bei schwacher Hitze köcheln lassen, bis eine cremige Sauce entstanden ist.

3 Inzwischen die Petersilie, das Basilikum und den Rucola waschen, trockentupfen, die Blättchen abzupfen und fein hacken. Die Sauce mit Salz, Pfeffer und Zitronensaft würzen und zum Schluß die Kräuter untermischen.

extra

Zusätzlich Schinkenstreifen oder Krabben untermischen.
Die Sauce eignet sich auch zum Gratinieren von Aufläufen. Dann noch 100 g geriebenen Käse einrühren.

Zutaten für 4 Portionen:

2 Fenchelknollen (ca. 550 g)
$^1/_2$ unbehandelte Zitrone
2 EL Olivenöl
4 EL Pernod (franz. Anislikör), nach Belieben
400 ml Gemüsebrühe
50 g Sahne
100 g schwarze Oliven, entsteint
200 g Sahnegorgonzola
Salz, weißer Pfeffer

Zubereitungszeit: ca. 30 Min.
Pro Portion ca.: 1180 kJ/280 kcal ·
13 g E · 19 g F · 6 g KH

Paßt auch zu:

gebratenem Fisch, zu Putenschnitzel oder zu Ofenkartoffeln

RAFFINIERT

Fenchelsauce mit Gorgonzola und Oliven

1 Den Fenchel putzen, dabei das Grün waschen, abschneiden und beiseite legen. Die Fenchelknollen waschen, längs vierteln und quer in feine Streifen schneiden. Die Zitrone heiß abwaschen und die Schale in Streifen abschneiden. Den Saft auspressen.

2 Das Olivenöl in einer breiten Pfanne erhitzen. Die Fenchelstreifen darin leicht anbraten und mit dem Pernod ablöschen. Die Gemüsebrühe und die Sahne dazugießen. Die Zitronenschale unterrühren.

3 Alles bei schwacher Hitze aufkochen und ca. 10 Min. köcheln lassen. Inzwischen die Oliven grob zerschneiden und das Fenchelgrün fein hacken. Den Gorgonzola kleinschneiden, in die Sauce rühren und bei schwacher Hitze ca. 10 Min. weiterköcheln lassen, bis sich der Käse aufgelöst hat.

4 Mit Salz, Pfeffer und Zitronensaft abschmecken. Die Oliven und das Fenchelgrün zum Schluß einstreuen.

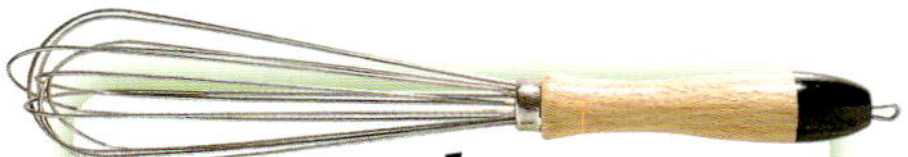

extra

Idee für die schlanke Linie: Die doppelte Menge Fenchel nehmen, Sahne weglassen. In das Fenchelpüree nur 100 g Sahnegorgonzola rühren.

Broccoli-Parmesan-Sauce

Zutaten für 4 Portionen:

500 g frischer Broccoli (oder 300 g tiefgekühlter)
Salz
1 kleine Zwiebel
1 EL Butter
400 ml Gemüsebrühe
100 g Sahne
50 g Parmesan, frisch gerieben
schwarzer Pfeffer
1 Prise Muskatnuß, frisch gerieben

Zubereitungszeit: ca. 25 Min.
Pro Portion ca.: 750 kJ/180 kcal · 8 g E · 14 g F · 7 g KH

Paßt auch zu:
einem Nudelgratin (siehe extra)

VEGETARISCH

1 Den frischen Broccoli putzen und in sehr kleine Röschen teilen, die Stengel schälen und klein würfeln. Den tiefgekühlten Broccoli aus der Packung nehmen und etwas auftauen lassen. Den Broccoli in kochendem Salzwasser ca. 8 Min. blanchieren, eiskalt abschrecken und in einem Sieb gut abtropfen lassen.

2 Die Zwiebel schälen und in kleine Würfel schneiden. In einer Kasserolle die Butter schmelzen und die Zwiebel darin glasig dünsten. Den Broccoli bis auf die Hälfte der Röschen dazugeben und kurz andünsten. Mit der Brühe und der Sahne aufgießen, ca. 10 Min. zugedeckt köcheln lassen. Dann fein pürieren.

3 Den Parmesan in die Sauce geben und bei mittlerer Hitze rühren, bis er sich ganz aufgelöst hat. Die Broccoliröschen zufügen und erwärmen. Die Sauce mit Salz, Pfeffer und Muskat würzen.

extra

Ideen zum Abwandeln: Zusätzlich 50–100 g Parmaschinken, in Streifen geschnitten, oder 50–100 g kleingewürfelte Salami untermischen. Den Parmesan durch Pecorino oder als Variante durch Sahnegorgonzola ersetzen.
Für ein Gratin: Gegarte Nudeln mit der Sauce übergießen, mit Butterflocken besetzen, Parmesan darübergeben und 10–15 Min. überbacken. Geht auch mit Fisch.
Idee für die schlanke Linie: Auf Sahne und Parmesan verzichten.

Dreierlei Käsesauce mit Thymian

Zutaten für 4 Portionen:

400 ml Gemüsebrühe
200 g Robiola (ital. Kräuterfrischkäse, ersatzweise Doppelrahm-Frischkäse)
125 g Mascarpone
50 g Parmesan, frisch gerieben
1 Zweig Thymian
2 EL Zitronensaft
Salz, schwarzer Pfeffer
1 Prise Muskatnuß, frisch gerieben
1 Msp. Cayennepfeffer

Zubereitungszeit: ca. 25 Min.
Pro Portion ca.: 1420 kJ/340 kcal · 11 g E · 31 g F · 4 g KH

Paßt zu:
Linguine und Spaghetti und allen gedünsteten Gemüsesorten

VEGETARISCH

1 Die Gemüsebrühe in einem Topf aufkochen lassen. Den Robiola, den Mascarpone und den Parmesan untermischen und alles kochen lassen, bis sich der Käse aufgelöst hat.

2 Den Thymian abbrausen und die Blättchen über dem Topf abstreifen. Die Sauce zugedeckt ca. 10 Min. köcheln lassen, dabei immer wieder umrühren. Die Sauce mit Zitronensaft, Salz, Pfeffer, dem Muskat und dem Cayennepfeffer würzen.

extra

Auch für ein Käsefondue zu verwenden, dann entsprechend mehr machen.
Für einen Dip: Die kalte Sauce ist gut geeignet zum Dippen mit Gemüsestreifen oder Crackern. Auch für ein Käsefondue zu verwenden, dann die Menge entsprechend erhöhen.
Idee für die schlanke Linie: Statt den drei Käsesorten nur 400 g Kräuterfrischkäse »light« verwenden.

Zutaten für 4 Portionen:
100 g Räucherspeck
1 EL Olivenöl
1 große Zwiebel
2 Knoblauchzehen
300 g gemischtes Hackfleisch
1 große Möhre
2 Stangen Staudensellerie
$^1/_4$ l Rotwein (z. B. Chianti)
1 kleine Dose Tomaten (400 g)
Salz, schwarzer Pfeffer
1 Lorbeerblatt
1 Zweig Thymian

Zubereitungszeit: ca. 45 Min.
Pro Portion ca.: 1760 kJ/420 kcal · 25 g E · 27 g F · 9 g KH

Paßt zu:
allen Nudeln

GUT VORZUBEREITEN

Hackfleischsauce

1 Den Speck in kleine Würfel schneiden und in einem Topf in Olivenöl bei schwacher Hitze langsam braten. Die Zwiebel und die Knoblauchzehen schälen, fein hacken und dazugeben. Das Hackfleisch krümelig mitbraten.

2 Die Möhre schälen und grob raspeln. Den Sellerie waschen, putzen und samt den Blättchen kleinschneiden. Mit den Möhren zum Speck geben und kurz mitdünsten.

3 Mit dem Rotwein ablöschen, die Tomaten samt Saft dazugeben und mit einer Gabel zerdrücken. Mit Salz und Pfeffer würzen. Lorbeerblatt und Thymianzweig dazugeben. Die Sauce aufkochen und bei schwacher Hitze halb offen ca. 30 Min. köcheln lassen, bis etwa die Hälfte der Flüssigkeit verdunstet ist und die Sauce eine dicke Konsistenz hat.

4 Lorbeer und Thymian herausnehmen und wegwerfen. Die Sauce abschmecken und, falls nötig, nachwürzen.

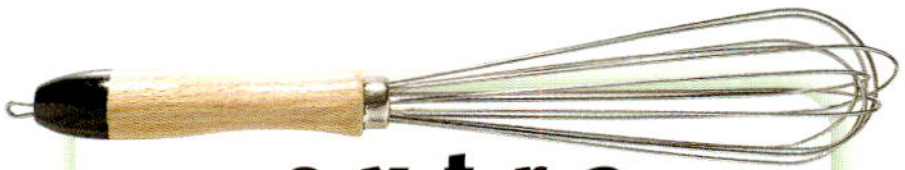

extra

Für den Vorrat: Die Hackfleischsauce eignet sich prima zum Einfrieren, deshalb gleich eine größere Menge zubereiten und portionsweise einfrieren.

Zutaten für 4 Portionen:
1 große Zwiebel
4 Knoblauchzehen
1 mittelgroße Möhre
2 Staudensellerie
1 kg reife Fleischtomaten
2 EL Olivenöl
je 1 TL Oregano und Thymian
1 Lorbeerblatt
Salz, schwarzer Pfeffer
$^1/_4$ l Gemüsebrühe

Zubereitungszeit: ca. 50 Min.
Pro Portion ca.: 465 kJ/110 kcal · 4 g E · 6 g F · 11 g KH

Paßt auch zu:
als Basis für Fleischragout, zu Steaks, zum Schmoren mit Hähnchenschenkeln und zu Eier- und Gemüsegerichten

GRUNDREZEPT

Tomatensauce

1 Zwiebel und Knoblauch schälen und fein hacken. Möhre schälen und fein hacken. Den Sellerie putzen, waschen und kleinschneiden. Tomaten überbrühen, häuten und grob hacken.

2 In einem breiten Topf das Olivenöl erhitzen. Zwiebel, Knoblauch, Möhre und Stangensellerie darin bei schwacher Hitze andünsten. Alle restlichen Zutaten dazugeben.

3 Die Tomatensauce bei schwacher Hitze ca. 30 Min. im halboffenen Topf köcheln lassen. Sie sollte dicklich werden.

4 Das Lorbeerblatt wegwerfen. Die Sauce nach Belieben pürieren, abschmecken und, falls nötig, nachwürzen.

Varianten:

Tomaten-Kräuter-Sauce
1 Bund feingehackte Kräuter untermischen. Schmeckt auch kalt sehr gut.

Chilisauce
2 rote Paprika häuten (Seite 82), entkernen und kleinschneiden. 1–2 frische Chilischoten entkernen, waschen und fein hacken. Mit den Paprikaschoten unter die Tomatensauce mischen, abschmecken.
Warm oder kalt zu gegrilltem Fleisch.

Lammsugo mit Rotwein

Zutaten für 4 Portionen:

500 g Lammfleisch (aus der Keule)
1 Zwiebel
3 Knoblauchzehen
3 EL Olivenöl
Salz, schwarzer Pfeffer
1 Prise Muskatnuß, frisch gerieben
1 TL abgeriebene Zitronenschale
3 EL Tomatenmark
100 ml Rotwein
400 ml Lammfond (aus dem Glas oder selbst zubereitet)
150 g Crème fraîche
1 Bund Rucola

Zubereitungszeit: ca. 30 Min.
Pro Portion ca.: 2090 kJ/500 kcal · 27 g E · 34 g F · 9 g KH

Paßt zu:
breiten Nudeln

GUT VORZUBEREITEN

1 Das Lammfleisch waschen, trockentupfen und fein würfeln. Die Zwiebel und den Knoblauch schälen und fein hacken.

2 Das Olivenöl in einer Pfanne erhitzen. Das Fleisch mit der Zwiebel und dem Knoblauch darin ca. 5 Min. anbraten. Mit Salz, Pfeffer, Muskat und Zitronenschale würzen. Das Tomatenmark unterrühren.

3 Mit dem Rotwein ablöschen, aufkochen und bei mittlerer Hitze um die Hälfte einkochen lassen. Den Lammfond dazugießen und die Crème fraîche unterrühren. Den Lammsugo ca. 15 Min. köcheln lassen.

4 Inzwischen die Rucola putzen, waschen, trockentupfen und grob hacken. Den Lammsugo abschmecken und die Rucola zum Schluß untermischen.

extra

Anstelle von Lamm Rind- oder Schweinefleisch (oder beides gemischt) verwenden. Als vegetarische Variante eignen sich grob gehackte Nüsse.

Gorgonzolasauce

Zutaten für 4 Portionen:

200 g Sahne
400 ml Gemüsebrühe
300 g Sahnegorgonzola
Salz, schwarzer Pfeffer
1 Prise Muskatnuß, frisch gerieben
1 TL Zitronensaft

Zubereitungszeit: ca. 15 Min.
Pro Portion ca.: 1880 kJ/450 kcal · 15 g E · 38 g F · 4 g KH

Paßt gut zu:
Tagliatelle, Ravioli oder Gnocchi

VEGETARISCH

1 Die Sahne mit der Gemüsebrühe in einem kleinen Topf bei schwacher Hitze erwärmen. Den Gorgonzola in kleine Stücke schneiden, dazugeben und bei schwacher Hitze unter Rühren schmelzen. Die Sauce halb offen bei schwacher Hitze um etwa ein Drittel einkochen lassen. Dabei öfter mit einem Schneebesen gut durchrühren.

2 Die Gorgonzolasauce mit wenig Salz, Pfeffer, Muskat und Zitronensaft abschmecken.

extra

Diese Sauce eignet sich auch gut für Aufläufe, z. B. Gemüsegratin oder Nudelauflauf. Einfach darüber gießen und überbacken.
Idee zum Abwandeln: Rühren Sie 3 EL grüne Pfefferkörner unter. 1 Bund feingehackte Petersilie zum Schluß darüber streuen.
Idee für die schlanke Linie: Statt Sahne mehr Gemüsebrühe verwenden, dann die Sauce etwas mehr einkochen lassen.

Schinken-Gemüse-Sauce

Zutaten für 4 Portionen:

1 Zwiebel
2 Knoblauchzehen
3 EL Olivenöl
2 kleine Zucchini
2 Fleischtomaten
Salz, schwarzer Pfeffer
300 ml Gemüsebrühe
1TL Thymian
1 TL Oregano
250 g gekochter Schinken in dickeren Scheiben
1 EL Aceto Balsamico

Zubereitungszeit: ca. 30 Min.
Pro Portion ca.: 960 kJ/230 kcal · 14 g E · 17 g F · 6 g KH

Paßt auch zu:
Tortellini oder Gnocchi, kalt zu gebratenem oder gegrilltem Fleisch

GUT VORZUBEREITEN

1 Die Zwiebel und den Knoblauch schälen und würfeln. In einem größeren Topf das Olivenöl erhitzen. Zwiebel und Knoblauch darin bei schwacher Hitze andünsten.

2 Inzwischen die Zucchini waschen, klein würfeln und in den Topf geben. Die Tomaten überbrühen, häuten, entkernen, kleinschneiden und untermischen. Das Gemüse mit Salz und Pfeffer würzen und mit der Gemüsebrühe aufgießen.

4 Thymian und Oregano dazugeben und die Sauce zugedeckt bei mittlerer Hitze ca. 15 Min. dünsten. Den Schinken vom Fettrand befreien und in kleine Würfel schneiden, zum Schluß untermischen. Die Sauce mit Balsamico abschmecken.

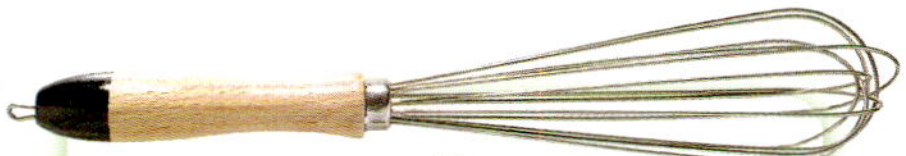

extra
Nudeln mit der Sauce mischen, in eine Gratinform füllen, mit geriebenem Käse bestreuen und gratinieren. Mit $^{1}/_{2}$ l Gemüsebrühe zusätzlich wird aus der Sauce eine Suppe.

Thunfisch-Schalotten-Sauce

Zutaten für 4 Portionen:

2 Dosen Thunfisch im eigenen Saft
2 EL Zitronensaft
150 g Schalotten
2 EL Butter
1 Handvoll Kerbel
100 ml trockener Weißwein
200 g Sahne
Salz
weißer Pfeffer
Mußkatnuß, frisch gerieben

Zubereitungszeit: ca. 25 Min.
Pro Portion ca.: 1225 kJ/295 kcal · 16 g E · 21 g F · 4 g KH

Paßt auch zu:
Gnocchi und Reispflanzerln

GELINGT LEICHT

1 Den Thunfisch abgießen und mit dem Zitronensaft im Mixer pürieren.

2 Die Schalotten schälen und längs in schmale Spalten schneiden. Den Kerbel waschen, die Blättchen abzupfen und fein hacken.

3 Die Butter in einem Topf schmelzen und die Schalotten darin bei schwacher Hitze ca. 5 Min. andünsten. Mit dem Weißwein ablöschen und aufkochen lassen. Die Sahne und das Thunfischpüree dazugießen. Alles aufkochen und offen bei mittlerer Hitze um etwa ein Drittel einkochen lassen.

4 Die Sauce mit Salz, Pfeffer und Muskatnuß abschmecken, den Kerbel einstreuen.

extra
Kalt super zu dünn aufgeschnittener Putenbrust oder Kalbfleisch. Auch zu Pellkartoffeln ganz prima.

Senfsauce mit Cornichons

Zutaten für 4 Portionen:
2 Schalotten
2 EL Öl
200 ml trockener Weißwein
3 EL Dijon-Senf
250 g Crème fraîche
10 Cornichons (kleine Gurken aus dem Glas)
Salz, schwarzer Pfeffer
1 Prise Zucker

Zubereitungszeit: ca. 15 Min.
Pro Portion ca.: 1355 kJ/325 kcal · 2 g E · 30 g F · 5 g KH

Paßt zu:
Schweinekoteletts, Kasseler

GUT VORZUBEREITEN

1 Schalotten schälen und fein hacken. Öl in einem kleinen Topf erhitzen und die Schalotten darin bei schwacher Hitze andünsten. Weißwein dazugießen und kurz aufkochen lassen.

2 Senf und Crème fraîche unterrühren und die Sauce bei schwacher Hitze ca. 10 Min. offen köcheln lassen, bis sie eine cremige Konsistenz bekommen hat. Cornichons trockentupfen und klein würfeln.

3 Die Sauce mit Salz, Pfeffer und Zucker würzen, die Cornichons untermischen und alles kurz erwärmen.

Info:
Dijon-Senf ist eine sehr kräftige Senfsorte aus Dijon in Frankreich. Mit milderen Sorten wie mittelscharfem, süßem oder Kräutersenf bekommt die Sauce immer wieder eine andere Geschmacksnuance.

Feines oder Rustikales zu Fleisch

Preiselbeer-Wacholder-Sauce

Zutaten für 4 Portionen:
2 Schalotten
1 EL Butter
1 EL Tomatenmark
100 ml Madeira
400 ml Wildfond (aus dem Glas oder selbst zubereitet)
5 EL Preiselbeeren (aus dem Glas)
1 TL Wacholderbeeren
1 Msp. Zimtpulver
1 Msp. Nelkenpulver
Salz, schwarzer Pfeffer
100 g eiskalte Butter

Zubereitungszeit: ca. 20 Min.
Pro Portion ca.: 1380 kJ/330 kcal · 1 g E · 24 g F · 14 g KH

Paßt zu:
Rehmedaillons, Wildschwein und Wildfrikadellen

RAFFINIERT

1 Die Schalotten schälen und fein hacken. In einer Pfanne die Butter schmelzen und die Schalotten darin weich dünsten.

2 Das Tomatenmark einrühren. Mit dem Madeira ablöschen und kurz aufkochen lassen. Den Wildfond dazugießen. Die Preiselbeeren und Wacholderbeeren unterrühren. Mit Zimt, Nelkenpulver, Salz und Pfeffer würzen.

3 Die Sauce nochmals aufkochen und ca. 5 Min. offen köcheln lassen. Dann die Butter in Stücken unterschlagen und die Sauce abschmecken.

Varianten:
Statt Madeira schmeckt auch Sherry (halbtrockener Amontillado) oder Rotwein. Die Preiselbeeren durch Johannisbeer- oder Quittengelee ersetzen.

Rotwein-Austernpilz-Sauce

Zutaten für 4 Portionen:
100 g Räucherspeck
1 EL Öl
1 mittelgroße Zwiebel
2 Knoblauchzehen
300 g Austernpilze
Salz, schwarzer Pfeffer
1 Prise Rosmarin, gemahlen
1 TL Mehl
200 ml kräftiger Rotwein
200 ml Gemüsebrühe

Zubereitungszeit: ca. 25 Min.
Pro Portion ca.: 1030 kJ/245 kcal · 10 g E · 14 g F · 7 g KH

Paßt zu:
Wild, Roastbeef, Entenbrust

KLASSISCH

1 Den Speck in kleine Würfel schneiden. Das Öl in einem kleinen Topf erhitzen und den Speck darin auslassen. Die Zwiebel und den Knoblauch schälen, fein hacken und dazugeben. Die Austernpilze putzen, kurz abbrausen und in kleine Würfel schneiden. In den Topf geben und ca. 10 Min. bei starker Hitze garen, bis fast die ganze Flüssigkeit verdunstet ist. Mit Salz, Pfeffer und Rosmarin würzen.

2 Mit dem Mehl bestäuben und bei mittlerer Hitze kurz dünsten. Mit dem Rotwein und der Brühe ablöschen und aufkochen lassen. Offen ca. 10 Min. köcheln lassen, bis die Sauce um etwa ein Drittel reduziert ist. Die Sauce abschmecken und, falls nötig, nachwürzen.

Variante:
Die Austernpilze durch Champignons oder im Herbst durch Waldpilze ersetzen.

Süß-saure Senfsauce

Zutaten für 4 Portionen:

1 große Zwiebel
2 EL Butter
$^1/_4$ l Fleischbrühe
3 EL mittelscharfer Senf
2 EL Honig
2 EL Rotweinessig
100 g eiskalte Butter
Salz, weißer Pfeffer
1 Bund Dill

Zubereitungszeit: ca. 20 Min.
Pro Portion ca.: 1130 kJ/270 kcal · 1 g E · 26 g F · 8 g KH

Paßt zu:
gekochtem Rindfleisch und als Sauce für Geschnetzeltes

RAFFINIERT

1 Die Zwiebel schälen und fein hacken. Die Butter in einem kleinen Topf schmelzen und die Zwiebel darin weich dünsten. Mit der Brühe aufgießen und aufkochen lassen.

2 Senf, Honig und Rotweinessig dazugeben und ca. 5 Min. kräftig köcheln lassen. Die eiskalte Butter in kleinen Stücken mit dem Pürierstab unterschlagen. Die Sauce mit Salz und Pfeffer abschmecken.

3 Den Dill waschen, trockentupfen, abzupfen, fein hacken und untermischen.

extra

Ideen zum Abwandeln: Anstelle von Butter 150 g Crème fraîche nehmen.
Idee für die schlanke Linie: 1 Zwiebel nehmen und die Sauce pürieren. Nur 1 TL Honig nehmen und keine Butter.

Zucchinisauce mit Oregano

Zutaten für 4 Portionen:

2 Zwiebeln
4 Knoblauchzehen
3 EL Olivenöl
400 g Zucchini
Salz, schwarzer Pfeffer
1 TL Oregano
400 ml Gemüsebrühe
1 EL Apfelessig

Zubereitungszeit: ca. 20 Min.
Pro Portion ca.: 460 kJ/110 kcal · 2 g E · 9 g F · 6 g KH

Paßt zu:
allen Grillgerichten

FÜR DIE SCHLANKE LINIE

1 Zwiebeln und Knoblauch schälen und klein würfeln. In einem größeren Topf das Olivenöl erhitzen und Zwiebeln und Knoblauch darin andünsten.

2 Die Zucchini putzen, waschen, grob raspeln, untermischen und kurz mitdüsten. Mit Salz und Pfeffer würzen. Den Oregano dazugeben und mit der Gemüsebrühe aufgießen. Zugedeckt ca. 20 Min. köcheln lassen.

3 Das Gemüse pürieren und mit Salz, Pfeffer und Apfelessig abschmecken.

extra

Für den Vorrat: Die Sauce eignet sich gut zum Einfrieren.
Ideen zum Abwandeln: Sie können noch 1 Bund feingehackte Petersilie untermischen. Oder mit den Zwiebeln 250 g Hackfleisch andünsten oder 150 g kleingewürfelten Räucherspeck, dann ist die Sauce ideal zu Nudeln.

Sherry-Champignon-Sauce

Zutaten für 4 Portionen:

2 Schalotten
1 Knoblauchzehe
3 EL Butter
250 g Champignons
1 Lorbeerblatt
Salz, weißer Pfeffer
100 ml trockener Sherry
400 ml Gemüsefond (aus dem Glas oder selbst zubereitet)
125 g Crème fraîche
1 EL Zitronensaft
1/2 Bund Schnittlauch

Zubereitungszeit: ca. 35 Min.
Pro Portion ca.: 1030 kJ/245 kcal · 3 g E · 20 g F · 6 g KH

Paßt zu:
Ganz fein zu Kalbsröllchen oder Putensteaks

BRAUCHT ETWAS ZEIT

1 Die Schalotten und den Knoblauch schälen und fein hacken. Die Butter in einer großen Pfanne schmelzen. Schalotten und Knoblauch darin bei schwacher Hitze andünsten.

2 Die Champignons abbrausen, putzen und in dünne Scheiben schneiden. In die Pfanne geben und bei mittlerer Hitze offen dünsten, bis fast alle Flüssigkeit verdunstet ist, dabei ab und zu umrühren.

3 Das Lorbeerblatt dazugeben. Die Pilze mit Salz und Pfeffer würzen. Mit dem Sherry ablöschen und ca. 2 Min. offen köcheln lassen. Den Gemüsefond und die Crème fraîche unterrühren, aufkochen und offen um etwa ein Drittel einkochen lassen.

4 Inzwischen den Schnittlauch waschen, trockentupfen und in sehr feine Röllchen schneiden. Die Sauce mit Salz, Pfeffer und Zitronensaft abschmecken. Zum Schluß den Schnittlauch untermischen.

extra

Für einen Dip: Die kalte Sauce mit 250 g Sahnequark mischen und zusätzlich 2 EL gehackte Petersilie untermischen.
Ideen zum Abwandeln: Für ein Geschnetzeltes 500 g in schmale Streifen geschnittenes Puten- oder Kalbfleisch anbraten und unter die Sauce mischen. Die Champignons durch kleingewürfelte Austernpilze oder Egerlinge ersetzen.

Kressesauce

Zutaten für 4 Portionen:

2 Schalotten
4 EL Kräuterbutter
4 EL Semmelbrösel
100 ml trockener Weißwein (oder Gemüsebrühe)
400 ml Gemüsebrühe
3 Kästchen Kresse
Salz, Pfeffer
1 Prise Muskat, frisch gerieben

Zubereitungszeit: ca. 25 Min.
Pro Portion ca.: 590 kJ/140 kcal · 2 g E · 9 g F · 8 g KH

Paßt zu:
Putenschnitzel

FRISCH

1 Die Schalotten schälen und fein hacken. Die Kräuterbutter in einer Kasserolle schmelzen und die Schalotten darin bei schwacher Hitze weich dünsten. Die Semmelbrösel untermischen und alles ca. 5 Min. dünsten.

2 Mit dem Weißwein ablöschen, aufkochen und bei mittlerer Hitze etwas einkochen lassen. Die Gemüsebrühe dazugießen und noch mal aufkochen lassen.

3 Die Kresse abbrausen und die Blättchen mit der Küchenschere über dem Topf abschneiden.

4 Die Sauce pürieren und mit Salz, Pfeffer und Muskat würzen.

extra

Für einen Dip: Kalt als Dip zum Fondue reichen.

Spanische Tomatensauce mit Sherry

Zutaten für 4 Portionen:

1 große Zwiebel
2 Knoblauchzehen
2 EL Olivenöl
6 cl trockener Sherry (»Fino«)
500 g Fleischtomaten
1 Lorbeerblatt
1 Thymianzweig
$^1/_4$ l Gemüsebrühe
Salz, schwarzer Pfeffer
1 Prise scharfes Paprikapulver
100 g schwarze Oliven, entsteint

Zubereitungszeit: ca. 30 Min.
Pro Portion ca.: 565 kJ/135 kcal ·
2 g E · 9 g F · 9 g KH

Paßt zu:
gebratenem Fleisch: Steaks, Koteletts, Frikadellen; kalt oder warm zu einer Quiche

GUT VORZUBEREITEN

1 Die Zwiebel und den Knoblauch schälen und fein hacken. In einem Topf das Olivenöl erhitzen. Die Zwiebel und den Knoblauch darin bei schwacher Hitze weich dünsten. Mit Sherry ablöschen.

2 Inzwischen Tomaten überbrühen, häuten, quer halbieren und entkernen. Das Fruchtfleisch kleinschneiden und mit dem Lorbeerblatt und dem Thymian in den Topf geben. Mit der Gemüsebrühe aufgießen, langsam aufkochen und zugedeckt ca. 30 Min. köcheln lassen, nach ca. 15 Min. den Deckel abnehmen.

3 Das Lorbeerblatt und den Thymian herausnehmen und wegwerfen. Die Tomatensauce mit Salz, Pfeffer und Paprikapulver kräftig würzen. Die Oliven grob hacken und zum Schluß unterrühren.

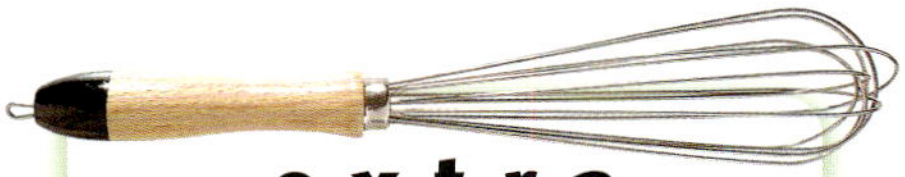

extra

In Spanien serviert man diese Sauce mit Hackbällchen. Das Besondere hier ist der Sherry, ein besonderer spanischer Wein, der aus dem Gebiet um Jerez de la Frontera kommt und im Solera-System angebaut wird. Der »Fino« ist trocken.

Grüne Vermouth-Sauce

Zutaten für 4 Portionen:

1 mittelgroße Zwiebel
1 EL Butter
200 ml trockener weißer Martini
2 EL grüner Kräutersenf
$^1/_4$ l Gemüsebrühe
200 g Sahne
Salz, Pfeffer

Zubereitungszeit: 25 ca. Min.
Pro Portion ca.: 750 kJ/180 kcal ·
1 g E · 10 g F · 5 g KH

Paßt zu:
Lammkoteletts und Rindersteaks

RAFFINIERT

1 Die Zwiebel schälen und fein hacken. Die Butter in einem kleinen Topf schmelzen und die Zwiebel darin weich dünsten. Mit dem Martini ablöschen und offen bei mittlerer Hitze um die Hälfte einkochen lassen.

2 Die Sauce durch ein Sieb in einen Topf gießen und den Kräutersenf unterrühren. Die Gemüsebrühe und die Sahne dazugießen, die Sauce noch mal aufkochen lassen und etwa um ein Drittel reduzieren. Die Sauce mit Salz und Pfeffer abschmecken.

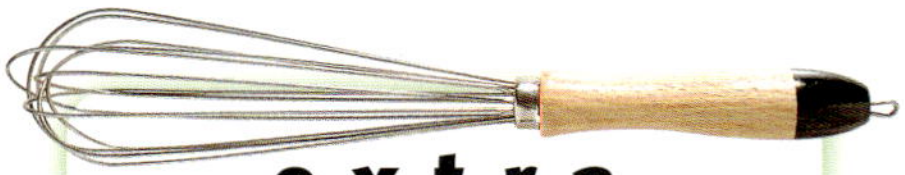

extra

Für einen Dip: Die Sauce abkühlen lassen, mit 250 g Kräuterquark und weiteren 2 EL Kräutersenf verrühren und zum Fondue reichen.
Idee zum Abwandeln: Frisch gehackte Kräuter (eine oder mehrere Sorten unterrühren).
Idee für die schlanke Linie: Den Alkohol weglassen und nur 100 g Sahne nehmen.

Pikante Mandelsauce

Zutaten für 4 Portionen:
3 rote Paprikaschoten
2 frische, rote Chilischoten
3 Knoblauchzehen
1 Zwiebel
3 EL Olivenöl
100 g geschälte Mandeln
400 ml Gemüsebrühe
Salz, schwarzer Pfeffer

Zubereitungszeit: ca. 30 Min.
Pro Portion ca.: 980 kJ/235 kcal · 6 g E · 20 g F · 6 g KH

Paßt zu:
Kaninchen, Hähnchen, Putensteaks

Exklusiv

1 Den Backofen auf 250° vorheizen. Die Paprikaschoten halbieren, putzen und waschen. Dann mit der Hautseite nach oben auf den Rost legen und im Backofen (oben) 15–20 Min. garen, bis die Haut Blasen wirft, dann aus dem Ofen nehmen.

2 Die Chilischoten längs aufschlitzen, entkernen und waschen. Den Knoblauch und die Zwiebel schälen und fein hacken. Das Öl in einer Kasserolle erhitzen, die Zwiebel, den Knoblauch und den Chillie bei schwacher Hitze darin andünsten.

3 Die Paprikaschoten häuten. Mit den Mandeln und dem Pfanneninhalt im Mixer pürieren. Das Püree in die Kasserolle geben. Die Gemüsebrühe dazugießen, aufkochen lassen und mit Salz und Pfeffer würzen.

extra

Blitztip: Die Paprikaschoten gibt es schon abgezogen im Glas zu kaufen, damit spart man sich viel Zeit.
Für einen Dip: Kalt als Dip zu rohem Gemüse.
Idee zum Abwandeln: Statt der Mandeln feingehackte Rucola untermischen.

Portwein-Holunder-Sauce

Zutaten für 4 Portionen:
3 Schalotten
150 g Champignons
2 EL Butter
200 ml Portwein
200 ml Holundersaft (Reformhaus)
100 g eiskalte Butter
Salz
weißer Pfeffer

Zubereitungszeit: ca. 30 Min.
Pro Portion ca.: 1400 kJ/335 kcal · 2 g E · 25 g F · 11 g KH

Paßt zu:
Sehr fein zu Wild, z. B. zu Rehmedaillons, zu gebratenen Wachtelbrüstchen und zu Kaninchenrücken

Raffiniert

1 Die Schalotten schälen und fein hacken. Die Champignons putzen, kurz abbrausen und mit dem Küchenpapier trockentupfen. Dann in sehr kleine Würfel schneiden.

2 Die Butter in einem Topf schmelzen, die Schalotten kurz darin andünsten. Die Champignons hinzufügen und bei mittlerer bis starker Hitze dünsten, bis fast alle Flüssigkeit verdampft ist.

3 Den Portwein dazugießen und offen um die Hälfte einkochen lassen. Den Holundersaft dazugießen, aufkochen und weitere 10 Min. bei schwacher Hitze im halboffenen Topf köcheln lassen.

4 Die Butter in kleinen Stücken mit dem Schneebesen unterschlagen. Die Sauce mit Salz und Pfeffer abschmecken.

extra

Idee für die schlanke Linie: Die Butter weglassen, nur 100 ml Portwein nehmen, dafür 300 g Champignons. Die fertige Sauce pürieren.

Morchel-Sahnesauce mit Amontillado

Zutaten für 4 Portionen:
30 g getrocknete Morchel
2 Schalotten
2 EL Butter
100 ml Amontillado (halbtrockener Sherry)
200 g Sahne
Salz, Pfeffer
Zitronensaft

Zubereitungszeit: ca. 25 Min.
Pro Portion ca.: 1000 kJ/240 kcal · 3 g E · 20 g F · 5 g KH

Paßt zu:
Hähnchenbrustfilet, Rindersteaks, Kalbsmedaillons, Wild

EXKLUSIV

1 Die Morcheln mit 200 ml kochendem Wasser überbrühen und ca. 20 Min. quellen lassen.

2 Inzwischen die Schalotten schälen und fein hacken. Die Butter in einer Kasserolle schmelzen. Die Schalotten darin bei schwacher Hitze weich dünsten. Mit dem Amontillado ablöschen und um die Hälfte einkochen lassen.

3 Die Morcheln unter fließendem Wasser säubern, dann grob hacken. Das Einweichwasser durch ein feines Sieb in den Topf gießen. Die Sahne dazugeben. Die Sauce aufkochen lassen und bei mittlerer Hitze offen um etwa ein Drittel reduzieren.

4 Die Sauce mit Salz, Pfeffer und etwas Zitronensaft abschmecken.

extra

Ideen zum Abwandeln: Den Amontillado durch Rotwein, Sherry oder Brühe ersetzen. Anstelle der getrockneten ca. 200 g frische Morcheln verwenden (in Feinkostgeschäften und auf dem Markt). Die frischen haben Saison von März bis Mai.

Pflaumensauce mit Rotwein

Zutaten für 4 Portionen:
1 mittelgroße Zwiebel
1 kleines Stück Ingwer
2 EL Butter
200 g entsteinte Trockenpflaumen
1 TL abgeriebene Zitronenschale
Salz, schwarzer Pfeffer
1 Prise Zimtpulver
1/4 l kräftiger Rotwein
200 ml Gemüsebrühe

Zubereitungszeit: 25 Min.
Pro Portion ca.: 1000 kJ/240 kcal · 2 g E · 5 g F · 33 g KH

Paßt zu:
allen Wildarten, besonders zu Hirsch, Reh und Hase, aber auch zu gebratenem Schweinefilet oder Schweinekotelett

GUT VORZUBEREITEN

1 Die Zwiebel und den Ingwer schälen und fein hacken. In einer Kasserolle die Butter schmelzen. Die Zwiebel und den Ingwer darin bei schwacher Hitze andünsten. Die Pflaumen kleinschneiden und mit der Zitronenschale dazugeben, kurz mitdünsten und mit Salz, Pfeffer und Zimt würzen.

2 Mit dem Rotwein aufgießen und offen bei mittlerer Hitze um ein Drittel einkochen lassen. Die Gemüsebrühe dazugießen und alles ca. 10 Min. köcheln lassen. Die Sauce pürieren und abschmecken.

extra

Ideen zum Abwandeln: Anstelle von Pflaumen getrocknete Aprikosen mit Weißwein verwenden oder Kirschen aus dem Glas.

Walnuß-Paprika-Sauce

Zutaten für 4 Portionen:
2 rote Paprikaschoten
2 Knoblauchzehen
50 g geschälte Walnußkerne
400 ml Gemüsebrühe
200 g Doppelrahm-Frischkäse
Salz, schwarzer Pfeffer
1 Msp. Cayennepfeffer
1 EL Zitronensaft

Zubereitungszeit: ca. 40 Min.
Pro Portion ca.: 1110 kJ/265 kcal · 5 g E · 23 g F · 8 g KH

Paßt zu:
Schweinefilet oder Koteletts, aber auch gut zu Lamm

Exklusiv aus Spanien

1 Den Backofen auf 200° vorheizen. Die Paprikaschoten halbieren, entkernen und waschen. Dann mit der Hautseite nach oben auf den Rost legen und im vorgeheizten Backofen (oben) ca. 20 Min. garen, bis die Haut Blasen wirft.

2 Den Knoblauch schälen. Die Paprikaschoten etwas abkühlen lassen und häuten. Das Fruchtfleisch mit Knoblauch und Walnüssen im Mixer pürieren.

3 Die Gemüsebrühe in einen Topf gießen und aufkochen lassen. Den Frischkäse dazugeben und unter Rühren auflösen. Die Paprikamischung aus dem Mixer dazugeben. Die Sauce aufkochen und bei mittlerer Hitze zur gewünschten Konsistenz einkochen lassen, dabei umrühren. Mit Salz, Pfeffer und Cayennepfeffer würzen. Mit Zitronensaft abschmecken.

Variante:
Statt den Walnüssen 4 kleingeschnittene Frühlingszwiebeln zufügen. Schmeckt auch kalt super.

Tomaten-Pfeffer-Sauce

Zutaten für 4 Portionen:
750 g Fleischtomaten
1 Zwiebel
1 Knoblauchzehe
2 EL Olivenöl
100 ml trockener Weißwein
3 TL grüner eingelegter Pfeffer
Salz
1/2 Bund Petersilie

Zubereitungszeit: ca. 20 Min.
Pro Portion ca.: 365 kJ/90 kcal · 1 g E · 5 g F · 5 g KH

Paßt zu:
Fleischpflanzerln, Koteletts, Schnitzel, Bratwürstchen und anderen deftigen Fleischgerichten

Südlich

1 Die Fleischtomaten überbrühen, häuten, entkernen und grob schneiden. Die Zwiebel und den Knoblauch schälen und fein hacken. Das Olivenöl in einem Topf erhitzen. Zwiebel und Knoblauch darin andünsten.

2 Mit dem Weißwein ablöschen und bei mittlerer Hitze um die Hälfte einkochen lassen. Die Tomaten und den grünen Pfeffer untermischen und alles bei schwacher Hitze zugedeckt ca. 10 Min., dann noch ca. 5 Min. offen köcheln lassen. Die Sauce mit Salz abschmecken.

3 Die Petersilie waschen, trockentupfen, die Blättchen abzupfen und fein hacken. Zum Schluß in die Sauce rühren.

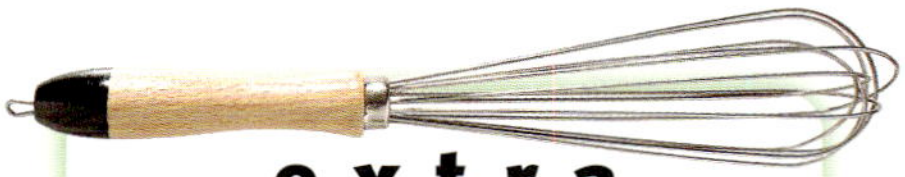

extra

Schmeckt auch prima als Sauce zum Gratinieren. Man kann dann auch geriebenen Parmesan darauf streuen.
Ideen zum Abwandeln: gehackte Oliven, Kräuter oder Thunfisch untermischen.

Apfel-Balsamico-Sauce

Zutaten für 4 Portionen:

2 Schalotten
2 EL Butter
3 mittelgroße Äpfel (z. B. Cox Orange, James Grieves)
$^{1}/_{4}$ l Apfelsaft
2 EL Aceto Balsamico
1 Prise Muskatnuß, frisch gerieben
1 Prise Zimtpulver
Salz, schwarzer Pfeffer

Zubereitungszeit: ca. 25 Min.
Pro Portion ca.: 525 kJ/125 kcal · 0 g E · 5 g F · 19 g KH

Paßt zu:
Rehmedaillons, Hase oder Kaninchen, aber auch zu deftigen Bratwürsten

RAFFINIERT

1 Die Schalotten schälen und fein hacken. Die Butter in einer Kasserolle erhitzen und die Schalotten darin bei schwacher Hitze andünsten. Die Äpfel schälen, vierteln, von den Kerngehäusen befreien, in grobe Stücke schneiden und ca. 5 Min. mitdünsten.

2 Den Apfelsaft mit dem Balsamico unterrühren. Mit Muskat, Zimt, Salz und Pfeffer würzen und zugedeckt bei schwacher Hitze ca. 20 Min. dünsten.

3 Die Äpfel kurz pürieren. Die Apfelsauce abschmecken, nachwürzen und warm stellen.

extra

Die Sauce läßt sich super vorbereiten und portionsweise einfrieren.
Für einen Dip: In die kalte Sauce 100 g Sahnequark untermischen und kräftig würzen. Köstlich auch zum Fondue.
Blitzidee: Statt Apfel Apfelmus aus dem Glas nehmen.

Rote-Bohnen-Sauce

Zutaten für 4 Portionen:

1 kleine Dose rote Kidney-Bohnen (400 g)
1 kleine Zwiebel
2 Knoblauchzehen
2 EL Olivenöl
400 ml Tomatensaft
Salz, schwarzer Pfeffer
1 Msp. Chilipulver
je $^{1}/_{2}$ TL Oregano und Thymian
2 EL Frischkäse

Zubereitungszeit: ca. 20 Min.
Pro Portion ca.: 655 kJ/155 kcal · 6 g E · 6 g F · 19 g KH

Paßt zu:
Schweinemedaillons, Hackfleischbällchen, Bratwürsten

FÜR DIE SCHLANKE LINIE

1 Die Bohnen aus der Dose in ein Sieb schütten, abtropfen lassen.

2 Die Zwiebel und den Knoblauch schälen und fein hacken. Das Olivenöl in einer Kasserolle erhitzen. Zwiebel und Knoblauch darin andünsten.

3 Die Bohnen und den Tomatensaft dazugeben. Mit Salz, Pfeffer, Chilipulver, Oregano und Thymian würzen und alles zugedeckt ca. 20 Min. köcheln lassen.

4 Die Bohnen pürieren, den Frischkäse dazugeben und bei mittlerer Hitze unter Rühren in der Sauce auflösen. Die Sauce zur gewünschten Konsistenz einkochen lassen und nochmals abschmecken.

extra

In Mexiko wird diese Sauce mit Eiern schon zum Frühstück gegessen.
Für einen Dip: Kalt zu rohem Gemüse und zum Fondue reichen.

Schalotten-Rosinen-Sauce mit Sherry-Essig

Zutaten für 4 Portionen:

50 g Rosinen
5 EL Sherry-Essig
400 g Schalotten (ersatzweise Zwiebeln)
3 EL Olivenöl
4 EL Puderzucker
Salz, schwarzer Pfeffer
400 ml Gemüsebrühe
1 getrocknete Chilischote
1 Thymianzweig
1 Lorbeerblatt

Zubereitungszeit: ca. 40 Min.
Pro Portion ca.: 805 kJ/195 kcal · 2 g E · 9 g F · 27 g KH

Paßt zu:

Wild und gekochtem Fleisch. Kalt ist sie mit Schinken und Salami gut als Vorspeise

GUT VORZUBEREITEN

1 Die Rosinen in eine kleine Schüssel füllen, mit dem Sherry-Essig beträufeln, ziehen lassen.

2 Inzwischen die Schalotten schälen und längs in schmale Streifen schneiden. Das Olivenöl in einem breiten Topf erhitzen und die Schalottenstreifen darin goldgelb andüsten. Den Puderzucker gleichmäßig darüber stäuben und kurz karamelisieren lassen. Mit Salz und Pfeffer würzen.

3 Mit der Gemüsebrühe aufgießen. Die Chilischote, den Thymianzweig und das Lorbeerblatt dazugeben. Aufkochen und offen bei schwacher Hitze ca. 30 Min. köcheln lassen. Nach ca. 15 Min. die Rosinen untermischen.

4 Lorbeerblatt, Chilischote und Thymianzweig herausnehmen und wegwerfen. Die Sauce abschmecken.

extra

Info: Sherry-Essig ist eine spanische Spezialität aus Jerez de la Frontera in Andalusien und wird aus Sherry produziert. Er verleiht kalten und warmen Saucen einen kräftig würzigen Geschmack. In gut sortierten Supermärkten und Lebensmittelgeschäften erhältlich.

Biersauce mit Schnittlauch

Zutaten für 4 Portionen:

1 große Zwiebel
2 Knoblauchzehen
3 Stangen Staudensellerie
2 EL Öl
$^1/_2$ l helles Bier
150 g Crème double
1 Bund Schnittlauch
Salz, schwarzer Pfeffer

Zubereitungszeit: ca. 25 Min.
Pro Portion ca.: 1040 kJ/250 kcal · 2 g E · 19 g F · 3 g KH

Paßt zu:

Kalbskoteletts oder Rindersteaks, Bratwürsten oder Leberkäse

DEFTIG

1 Zwiebel und Knoblauch schälen und fein hacken. Sellerie waschen und in dünne Scheiben schneiden. Öl in einem Topf erhitzen, Zwiebel, Knoblauch und Selleriescheiben darin andünsten.

2 Mit dem Bier aufgießen und bei mittlerer Hitze offen um gut ein Drittel einkochen lassen. Dann durch ein Sieb gießen und die Crème double unterrühren. Die Sauce aufkochen und ca. 5 Min. köcheln lassen. Mit dem Pürierstab kurz aufschlagen.

3 Inzwischen den Schnittlauch waschen, trockentupfen und in kleine Röllchen schneiden. Die Sauce mit Salz und Pfeffer abschmecken.

extra

Idee zum Abwandeln: Man kann verschiedene Biersorten verwenden wie Pils, dunkles Bier oder Nährbier. Dann schmeckt die Sauce immer wieder etwas anders.

Rote-Bete-Meerrettich-Sauce

Zutaten für 4 Portionen:

1 mittelgroße Zwiebel
1 Knoblauchzehe
2 EL Butter
330 ml rote Bete-Saft (1 Flasche, Reformhaus)
200 g Crème fraîche
3 EL Sahne-Meerrettich (aus dem Glas)
Salz, Pfeffer
1 TL Aceto Balsamico

Zubereitungszeit: ca. 25 Min.
Pro Portion ca.: 1170 kJ/280 kcal · 2 g E · 27 g F · 6 g KH

Paßt zu:

gedünstetem Karpfen oder gebratenem Kabeljau, auch zu gekochtem Rindfleisch

RAFFINIERT

1 Die Zwiebel und den Knoblauch schälen und fein hacken. Die Butter in einem Topf schmelzen, Zwiebel und Knoblauch darin bei schwacher Hitze andünsten.

2 Den rote Bete-Saft dazugießen, aufkochen und bei mittlerer Hitze offen um etwa ein Drittel einkochen lassen. Die Crème fraîche und den Meerrettich unterrühren, aufkochen und zugedeckt ca. 10 Min. köcheln lassen.

3 Die Sauce mit Salz, Pfeffer und Aceto Balsamico abschmecken.

Variante:
1 Bund Schnittlauch fein hacken und zufügen. Mit $^{1}/_{2}$ l Gemüsebrühe aufgießen und als Suppe servieren.

Fun mit Fisch

Schalotten-Safran-Sauce

Zutaten für 4 Portionen:

100 g Schalotten
2 EL Butter
400 ml Fischfond (aus dem Glas oder frisch zubereitet)
100 g Sahne
1 Döschen Safran
Salz, weißer Pfeffer
1 Prise Muskatnuß, frisch gerieben
Zitronensaft

Zubereitungszeit: ca. 20 Min.
Pro Portion ca.: 630 kJ/150 kcal · 1 g E · 13 g F · 5 g KH

Paßt zu:

Seezunge besonders gut

EDEL

1 Die Schalotten schälen und fein hacken. Die Butter in einer Kasserolle erhitzen und die Schalotten darin goldgelb andünsten. Mit dem Fischfond und der Sahne aufgießen, aufkochen und zugedeckt bei mittlerer Hitze 15 Min. köcheln lassen.

2 Die Schalotten pürieren. Nochmals aufkochen lassen. Den Safran unterrühren und die Sauce mit Salz, Pfeffer, Muskatnuß und Zitronensaft abschmecken.

extra

Info: Safran ist das teuerste Gewürz der Welt. Es schmeckt unvergleichlich. Preiswerter, doch ganz anders im Geschmack ist Curry oder Kurkuma.
Idee für die schlanke Linie: Die Sahne durch 150 g Kräuterquark ersetzen, diesen zum Schluß unterrühren und ncht mehr kochen.

Limettensabayon

Zutaten für 4 Portionen:

1 unbehandelte Limette
2 Eier
300 ml Gemüsebrühe
60 g eiskalte Butter
Salz, weißer Pfeffer
1 Prise Muskatnuß, frisch gerieben
1 Prise Zucker

Zubereitungszeit: ca. 20 Min.
Pro Portion ca.: 710 kJ/170 kcal · 3 g E · 16 g F · 2 g KH

Paßt zu:

Lachs, Seezunge oder anderem feinem Fisch

EXKLUSIV

1 Die Limette heiß abwaschen und die Hälfte der Schale mit einem Zestenreißer in schmalen Streifen abschälen. Den Saft auspressen.

2 Ein Wasserbad vorbereiten (Seite 114). Die Eier in eine Metallschüssel aufschlagen. Den Limettensaft und die Gemüsebrühe dazugeben und alles mit den Schneebesen des Handrührgeräts aufschlagen. Die Schüssel in das leicht siedende Wasserbad stellen und so lange weiterschlagen, bis ein fester Schaum entstanden ist.

3 Die Butter in kleine Würfel schneiden und auf dem Wasserbad nach und nach unterschlagen. Die Sauce mit Salz, Pfeffer, Muskat und Zucker würzen.

Möhrensauce mit Ingwer

Zutaten für 4 Portionen:
300 g junge Möhren
1 Stück Ingwer (ca. 1 $^1/_2$ cm)
1 mittelgroße Orange
2 EL Butter
Salz, weißer Pfeffer
1 Prise Kreuzkümmel
300 ml Gemüsebrühe
5 EL Sahne

Zubereitungszeit: ca. 30 Min.
Pro Portion ca.: 440 kJ/105 kcal · 1 g E · 8 g F · 7 g KH

Paßt zu:
allen gebratenen und gekochten Fischen

ORIENTALISCH

1 Die Möhren und den Ingwer schälen und in Scheiben schneiden. Die Orange halbieren und den Saft auspressen.

2 Die Butter in einem Topf schmelzen. Die Möhren und den Ingwer darin andünsten, mit Salz, Pfeffer und Kreuzkümmel würzen. Mit dem Orangensaft und der Gemüsebrühe aufgießen. Die Sauce aufkochen und ca. 20 Min. köcheln lassen.

3 Die Möhren pürieren, die Sahne unterrühren und die Sauce abschmecken.

extra

Info: Möhren enthalten wertvolles Carotin, das im Körper in Vitamin A umgewandelt werden kann. Allerdings nur zusammen mit Fett. Deshalb sollte Möhrengemüse immer mit Butter, Öl oder Sahne zubereitet werden.
Idee für die schlanke Linie: Weniger Butter und Sahne nehmen.

Cidresauce mit Estragon

Zutaten für 4 Portionen:
4 Schalotten
2 Knoblauchzehen
2 Möhren
2 EL Öl
6 cl Calvados
300 ml herber Cidre
150 g Crème fraîche
2 Zweige Estragon
Salz, schwarzer Pfeffer

Zubereitungszeit: ca. 35 Min.
Pro Portion ca.: 1130 kJ/270 kcal · 2 g E · 19 g F · 14 g KH

Paßt zu:
gebratenem Schollenfilet, Rotbarsch, auch zu gedünstetem Fisch. Gut auch zu Huhn (siehe extra)

GUT VORZUBEREITEN

1 Die Schalotten und den Knoblauch schälen und fein hacken. Die Möhren schälen und in kleine Würfel schneiden. Das Öl in einem Topf erhitzen. Möhren, Schalotten und Knoblauch dazugeben und kurz andünsten.

2 Mit dem Calvados ablöschen und fast ganz einkochen lassen. Mit dem Cidre aufgießen, aufkochen lassen und die Crème fraîche unterrühren. Den Estragon abbrausen und 1 Estragonzweig in die Sauce legen. Die Sauce aufkochen und zugedeckt ca. 15 Min., dann noch ca. 5 Min. offen köcheln lassen.

3 Die Sauce mit Salz und Pfeffer würzen. Den restlichen Estragon abzupfen und zum Schluß in die Sauce streuen.

extra

Idee zum Abwandeln: Statt Estragon paßt auch Basilikum, Petersilie oder Schnittlauch.
Für ein Gericht mit Huhn: Hähnchenschenkel oder ein ganzes, in Stücke geteiltes Hähnchen kräftig anbraten und in der Sauce ca. 30 Min. schmoren.
Ideen für die schlanke Linie: 1 Apfel mitdünsten und die Sauce ohne Sahne pürieren.

Kräutersahne-Sauce

Zutaten für 4 Portionen:
1 kleine Zwiebel
1 Knoblauchzehe
2 EL Butter
$^{1}/_{4}$ l Gemüsebrühe
250 g Crème fraîche
1 Bund Basilikum
1 Bund Petersilie
1 Handvoll Kerbel
Salz, weißer Pfeffer
1 Msp. Muskatnuß, frisch gerieben
1 Spritzer Zitronensaft

Zubereitungszeit: ca. 25 Min.
Pro Portion ca.: 1230 kJ/295 kcal · 2 g E · 30 g F · 4 g KH

Paßt zu:
gedünsteten Fischen wie Seezunge, zu allen Gemüsesorten und Pellkartoffeln

BESONDERS GUT IM FRÜHLING

1 Die Zwiebel und den Knoblauch schälen und fein hacken. Die Butter in einer Kasserole schmelzen. Zwiebel und Knoblauch darin bei schwacher Hitze weich dünsten.

2 Die Gemüsebrühe in den Topf gießen und aufkochen lassen. Die Crème fraîche einrühren und bei schwacher Hitze ca. 5 Min. offen köcheln lassen.

3 Inzwischen die Kräuter waschen und trockentupfen. Die Blättchen abzupfen und fein hacken.

4 Die Kräuter unterrühren und die Sauce mit Salz, Pfeffer, Muskat und Zitronensaft abschmecken.

extra

Aus dem Vorrat: Sahnesauce als Fertigprodukt verwenden und die frischen Kräuter untermischen. Notfalls gehen auch tiefgekühlte oder gefriergetrocknete Kräuter.
Idee für die schlanke Linie: 1 kleingewürfelte Kartoffel mitkochen und die Sauce ohne Crème fraîche pürieren, dafür 100 ml mehr Brühe nehmen.

Süß-saure Mangosauce

Zutaten für 4 Portionen:
2 reife Mangos
2 frische, rote Chilischoten
2 EL Butterschmalz
1 EL Currypulver
4 EL brauner Zucker
Salz
schwarzer Pfeffer
2 EL Zitronensaft
400 ml Fischfond

Zubereitungszeit: ca. 30 Min.
Pro Portion ca.: 730 kJ/175 kcal · 1 g E · 9 g F · 23 g KH

Paßt zu:
Garnelen und Lachs ganz besonders toll

RAFFINIERT

1 Die Mangos schälen und das Fruchtfleisch um die Kerne herum in Spalten abschneiden, dann grob würfeln. Die Chilischoten entkernen, waschen und kleinschneiden.

2 Das Butterschmalz in einem Topf schmelzen. Die Mangowürfel mit den kleingeschnittenen Chilischoten darin andünsten.

3 Den Curry und den Zucker untermischen und mit Salz und Pfeffer würzen. Den Zitronensaft und den Fischfond dazugießen. Alles aufkochen und zugedeckt ca. 20 Min. köcheln lassen.

4 Dann die Sauce pürieren. Die Sauce abschmecken und, falls nötig, nachwürzen.

extra

Für ein Ragout zusätzlich 200 g Sahne in die Sauce rühren und aufkochen lassen. Dann pro Person ca. 200 g Fisch, Puten- oder Kalbfleisch in Streifen schneiden oder Garnelen nehmen. 1–2 Min. von jeder Seite kräftig anbraten (Fisch nur ca. 1 Min.) und in der Sauce erwärmen. Soll die Sauce für Fleisch verwendet werden, mit Fleisch- oder Geflügelfond zubereiten.
Für einen Dip: Kalt zum Fondue oder als Sauce zu Gegrilltem reichen.

Zutaten für 4 Portionen:

2 Schalotten
2 EL Butter
300 g Kürbisfleisch
2 rosa Grapefruits
125 g Crème fraîche
Salz, Pfeffer
1 Msp. Cayennepfeffer
1 Msp. Koriander, fein gemahlen

Zubereitungszeit: ca. 25 Min.
Pro Portion ca.: 835 kJ/200 kcal · 2 g E · 17 g F · 10 g KH

Paßt zu:

gedünstetem oder gebratenem Fisch wie Kabeljau oder Rotbarsch. Mit Wildreismischung servieren

RAFFINIERT

Kürbis-Grapefruit-Sauce

1 Die Schalotten schälen und fein hacken. Die Butter in einer Kasserolle erhitzen und die Schalotten darin bei schwacher Hitze andünsten. Inzwischen den Kürbis in kleine Würfel schneiden, dazugeben und alles bei schwacher Hitze zugedeckt ca. 10 Min. dünsten.

2 Die Grapefruits halbieren und auspressen. Den Grapefruitsaft durch ein Sieb in den Topf gießen. Aufkochen und bei schwacher Hitze etwas einkochen lassen. Den Topfinhalt fein pürieren.

3 Die Crème fraîche unter die Sauce rühren, aufkochen und weitere 5 Min. köcheln lassen. Die Sauce mit Salz, Pfeffer, Cayennepfeffer und Koriander abschmecken. Auch zu Kalbsmedaillons paßt die Sauce gut.

extra

Für einen Dip: Die Sauce kalt mit 100 g Crème fraîche und 2 TL Cointreau verrühren und zum Fondue reichen.
Idee für die schlanke Linie: 100 g mehr Kürbis, dafür keine Crème fraîche verwenden.

Zutaten für 4 Portionen:

1 Zwiebel
2 EL Butter
1 Knoblauchzehe
400 ml Gemüsebrühe
300 g tiefgekühlte Erbsen
150 g Crème fraîche
1 TL Zitronensaft
Salz, weißer Pfeffer
$^1/_2$ Bund Minze
$^1/_2$ Bund Petersilie

Zubereitungszeit: ca. 20 Min.
Pro Portion ca.: 1085 kJ/260 kcal · 5 g E · 20 g F · 14 g KH

Paßt zu:

gebratenen Seeteufelmedaillons oder zu Steinbeißer ganz toll

GUT VORZUBEREITEN

Erbsensauce mit Kräutern

1 Die Zwiebel schälen und fein hacken. Die Butter in einem kleinen Topf schmelzen und die Zwiebel darin andünsten. Die Knoblauchzehe schälen und dazupressen.

2 Die Gemüsebrühe in den Topf gießen und aufkochen lassen. Die Erbsen darin bei mittlerer Hitze zugedeckt ca. 10 Min. garen. 4 EL Erbsen herausnehmen und beiseite legen. Die restlichen pürieren. Die Crème fraîche unterrühren und alles ca. 5 Min. bei schwacher Hitze köcheln lassen. Mit Zitronensaft, Salz und Pfeffer würzen.

3 Die Minze und die Petersilie waschen, trockentupfen und die Blättchen abzupfen. Dann nicht ganz fein hacken und mit den beiseite gelegten Erbsen in die Sauce streuen.

extra

Ideen zum Abwandeln: Statt Erbsen Zuckerschoten oder Broccoli verwenden. Die Erbsen durch Mais ersetzen. Weniger Crème faîche nehmen.
So wird eine Suppe draus: Einfach 1 l Gemüsebrühe nehmen.

Tomaten-Kapern-Sauce mit Pinienkernen

Zutaten für 4 Portionen:

750 g Fleischtomaten
2 kleine Zwiebeln
2 EL Olivenöl
200 ml trockener Weißwein (oder Gemüsebrühe)
3 EL Kapern
Salz
schwarzer Pfeffer
1 TL Paprikapulver, mittelscharf
4 EL Pinienkerne
1 Bund Petersilie

Zubereitungszeit: ca. 25 Min.
Pro Portion ca.: 630 kJ/150 kcal · 2 g E · 9 g F · 7 g KH

Paßt zu:
Schwertfisch oder Kabeljaukotelett, gegrilltem Fisch oder Fleisch

SÜDLÄNDISCH

1 Die Fleischtomaten kreuzweise einritzen und mit kochendem Wasser überbrühen. Eiskalt abschrecken, häuten, vierteln, entkernen und kleinschneiden.

2 Die Zwiebeln schälen und fein hacken. Das Olivenöl in einer Kasserolle erhitzen und die Zwiebeln darin andünsten. Mit dem Weißwein ablöschen und bei mittlerer Hitze um die Hälfte einkochen lassen. Die Tomaten und die Kapern dazugeben und aufkochen lassen. Die Sauce mit Salz, Pfeffer und Paprika würzen und bei schwacher Hitze ca. 5 Min. köcheln lassen.

3 Die Pinienkerne in einer trockenen Pfanne goldbraun anrösten. Die Petersilie waschen, mit Küchenpapier trockentupfen, die Blättchen abzupfen und mittelfein hacken. Die Sauce abschmecken und, falls nötig, nachwürzen. Die Pinienkerne mit der Petersilie unterheben.

Variante:
Die Kapern lassen sich durch grünen Pfeffer oder Oliven ersetzen.

extra
Rohen Fisch in einer Gratinform mit der Sauce übergießen und im Backofen bei 180° 25–30 Min. garen.

Zucchini-Austernpilz-Sauce

Zutaten für 4 Portionen:

150 g Austernpilze
300 g Zucchini
1 Zwiebel
2 Knoblauchzehen
2 EL Öl
Salz, Pfeffer
400 ml Gemüsebrühe
Salz, Pfeffer
Zitronensaft

Zubereitungszeit: ca. 20 Min.
Pro Portion ca.: 355 kJ/85 kcal · 2 g E · 5 g F · 6 g KH

Paßt auch zu:
Ofen- oder Pellkartoffeln, Speckknödeln oder Kartoffelpflänzchen als vegetarisches Gericht

FÜR DIE SCHLANKE LINIE

1 Die Austernpilze putzen und in einem Sieb unter fließendem Wasser abbrausen. Trockentupfen und klein würfeln. Zucchini waschen, von den Stielansätzen befreien und grob raspeln. Zwiebel und Knoblauch schälen und fein hacken.

2 In einer breiten Pfanne das Öl erhitzen. Die Pilzwürfel darin bei mittlerer Hitze ca. 5 Min. kräftig anbraten, herausnehmen und warm stellen.

3 Die Zwiebel und den Knoblauch im verbliebenen Bratfett bei schwacher Hitze glasig dünsten. Die Zucchiniraspel ca. 5 Min. mitdünsten. Mit der Gemüsebrühe aufgießen und ca. 15 Min. zugedeckt köcheln lassen.

4 Die Sauce pürieren. Mit Zitronensaft, Salz und Pfeffer kräftig abschmecken. Pilzwürfel untermischen und erwärmen.

extra
Deftiger wird die Sauce, wenn Sie 100 g kleingewürfelten Räucherspeck mit anbraten. Dann ist sie allerdings besser für Fleisch- und Nudelgerichte geeignet.

Zutaten für 4 Portionen:

400 g Fenchel
2 EL Butter
2 EL Anisschnaps (z. B. Pernod oder Ouzo), nach Belieben
400 ml Gemüsebrühe
100 g Sahne
Salz, weißer Pfeffer
3 EL Zitronensaft
2 EL Kapern

Zubereitungszeit: ca. 20 Min.
Pro Portion ca.: 795 kJ/190 kcal · 3 g E · 13 g F · 8 g KH

Paßt zu:

Ganz fein zu gegrilltem Lachs. Mit Safranreis servieren

GUT VORZUBEREITEN

Fenchelsahne

1 Die Fenchelknollen putzen, dabei das Fenchelgrün abschneiden und aufheben. Die Fenchelknollen waschen und längs vierteln. Die Viertel quer in schmale Streifen schneiden.

2 Die Butter in einem Topf erhitzen. Die Fenchelstreifen darin unter Rühren bei mittlerer Hitze ca. 2 Min. dünsten. Mit dem Anisschnaps ablöschen. Mit der Gemüsebrühe und der Sahne aufgießen, aufkochen und zugedeckt bei mittlerer Hitze ca. 10 Min. köcheln lassen.

3 Das Fenchelgrün fein hacken. Den Fenchel fein pürieren. Die Sauce mit Salz, Pfeffer und Zitronensaft abschmecken. Zum Schluß das gehackte Fenchelgrün und die Kapern einstreuen.

extra

Falls kein Fenchelgrün an den Knollen ist, 1–2 Bund Dill für die Sauce verwenden.

Zutaten für 4 Portionen:

4 große Orangen (davon 1 unbehandelt)
1 Schalotte
2 EL Butter
2 cl Cointreau (oder Orangensaft)
1 EL Aceto Balsamico
300 ml Gemüsebrühe
Salz, Pfeffer

Zubereitungszeit: ca. 15 Min.
Pro Portion ca.: 420 kJ/100 kcal · 1 g E · 5 g F · 9 g KH

Paßt zu:

Ganz raffiniert zu gekochten oder gegrillten Scampi

FÜR DIE SCHLANKE LINIE

Orangensauce mit Balsamico

1 Die unbehandelte Orange heiß waschen und abtrocknen. Die Schale abschälen und in feine Streifen schneiden. Diese Orange und 2 weitere auspresssen.

2 Die übrige Orange so schälen, daß die weiße Innenhaut mit entfernt wird, dann die Orangenfilets mit einem scharfen Messer aus den Häutchen lösen und in kleine Stücke schneiden.

3 Die Schalotte schälen und fein hacken. In einer Kasserolle die Butter schmelzen und die Schalotte darin mit der Hälfte der Orangenschalen andünsten. Mit dem Orangenlikör und dem Balsamico ablöschen und bei schwacher Hitze fast ganz einkochen lassen.

4 Den Orangensaft und die Gemüsebrühe dazugießen und offen um ein Drittel einkochen lassen. Die Sauce mit Salz und Pfeffer würzen und zum Schluß die Orangenstückchen und die restlichen Orangenzesten untermischen. Die Sauce abschmecken.

extra

Idee zum Abwandeln: Statt Orangen rosa Gapefruits verwenden. Sieht schön aus und schmeckt gut.

Zutaten für 4 Portionen:

2 Frühlingszwiebeln
2 Limetten
3 Avocados
2 EL Butter
400 ml Gemüsebrühe
5 EL Orangensaft
Salz, weißer Pfeffer
Cayennepfeffer

Zubereitungszeit: ca. 20 Min.
Pro Portion ca.: 1840 kJ/440 kcal · 4 g E · 45 g F · 4 g KH

Paßt zu:

Seezungenfilets, gekochtem Schellfisch, Goldbrasse (diese im Ganzen braten)

RAFFINIERT

Avocadosauce

1 Die Frühlingszwiebeln putzen, waschen und den grünen Teil in feine Ringe schneiden. Den weißen Teil fein hacken. Die Limetten auspressen. Die Avocados halbieren, entsteinen und schälen. 1 Avocado fein würfeln, mit 1 EL Limettensaft mischen und kalt stellen. Die übrigen Avocados kleinschneiden, mit dem übrigem Limettensaft pürieren.

2 Die Butter erhitzen und das Zwiebelweiße darin andünsten. Das Avocadopüree mit der Gemüsebrühe und dem Orangensaft dazugeben und alles ca. 10 Min. köcheln lassen.

3 Die Sauce mit Salz, Pfeffer und Cayennepfeffer würzen. Die grünen Zwiebelringe und die Avocadowürfel einstreuen und kurz erwärmen.

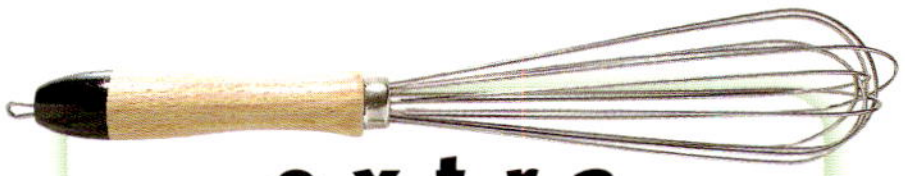

extra

Für einen Dip: Kalt zu gegrilltem Fisch, zum Fondue oder als Dip.
Idee zum Abwandeln: Statt der Frühlingszwiebeln 2 frische Chilischoten kleingehackt zufügen.

Zutaten für 4 Portionen:

250 g mehlige Kartoffeln
2 Knoblauchzehen
2 EL Butter
100 ml trockener Weißwein (oder Gemüsebrühe)
$^1/_4$ l Gemüsebrühe
1 Bund Schnittlauch
250 g Crème fraîche
Salz, weißer Pfeffer

Zubereitungszeit: ca. 25 Min.
Pro Portion ca.: 1465 kJ/350 kcal · 3 g E · 30 g F · 12 g KH

Paßt zu:

gekochtem Karpfen oder Schellfisch, kalt zu Matjesfilets

GUT VORZUBEREITEN

Kartoffel-Knoblauch-Sauce

1 Die Kartoffeln schälen, waschen und klein würfeln. Den Knoblauch schälen und grob zerschneiden. Die Butter in einem Topf erhitzen und dann die Kartoffeln und den Knoblauch darin andünsten.

2 Mit dem Weißwein und der Gemüsebrühe aufgießen, aufkochen und alles ca. 15 Min. köcheln lassen. Inzwischen den Schnittlauch waschen, trockentupfen und in feine Röllchen schneiden.

3 Die Sauce pürieren, die Crème fraîche unterrühren, aufkochen und zur gewünschten Konsistenz einkochen lassen. Mit Salz und Pfeffer abschmecken. Zum Schluß den Schnittlauch untermischen.

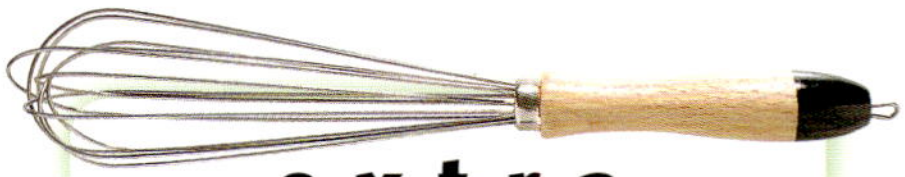

extra

Idee zum Abwandeln: Statt Schnittlauch 3 EL Kapern oder gehackte Oliven.
Idee für die schlanke Linie: 100 g Kartoffeln mehr, dafür keine Crème fraîche nehmen.

Curry-Mandel-Sauce

Zutaten für 4 Portionen:
150 g ungeschälte Mandeln
1 Knoblauchzehe
1 Stück Ingwer (ca. 2 cm lang)
3 EL Butter
2 EL Currypulver
Salz, schwarzer Pfeffer
1 Prise Kreuzkümmel
400 ml Gemüsebrühe
4 EL Crème fraîche
5 EL Orangensaft

Zubereitungszeit: ca. 20 Min.
Pro Portion ca.: 1470 kJ/350 kcal · 8 g E · 33 g F · 6 g KH

Paßt zu:
gegrilltem Fisch wie Red Snapper und Schwertfisch, auch zu Scampis

RAFFINIERT

1 Die Mandeln mit kochendem Wasser überbrühen, dann die Kerne aus den braunen Schalen drücken.

2 Knoblauch und den Ingwer schälen und mit den Mandeln mit der Küchenmaschine fein zerkleinern.

3 In einer Kasserolle die Butter schmelzen. Die Mandelmischung darin bei schwacher Hitze andünsten. Den Curry unterrühren und mit Salz, Pfeffer und Kreuzkümmel würzen.

4 Mit der Gemüsebrühe aufgießen, aufkochen und ca. 10 Min. köcheln lassen. Die Crème fraîche unterrühren, aufkochen lassen und nochmals mit dem Pürierstab aufschlagen. Die Currysauce mit dem Orangensaft abschmecken.

Variante:
1 mittelgroße Banane in Scheiben vor dem Pürieren in die Sauce geben, das ergibt eine exotische Note.

extra

Für einen Dip: Die Sauce kalt zum Fondue reichen.
Auch zu Kaninchen oder Geflügel paßt die Sauce gut. Oder zu gedünstetem Gemüse reichen.

Sellerie-Mascarpone-Sauce

Zutaten für 4 Portionen:
250 g Knollensellerie
1 Zwiebel
1 kleiner Apfel
2 EL Butter
300 ml Gemüsebrühe
250 g Mascarpone
2 EL Meerrettich (aus dem Glas)
2 EL Zitronensaft
Salz, weißer Pfeffer

Zubereitungszeit: ca. 30 Min.
Pro Portion ca.: 1510 kJ/360 kcal · 3 g E · 34 g F · 15 g KH

Paßt zu:
gedünstetem Zander oder zu Forellen

GUT VORZUBEREITEN

1 Den Sellerie schälen, waschen und in Würfel schneiden. Die Blättchen fein hacken. Die Zwiebel schälen und fein hacken. Den Apfel schälen, vierteln und das Kernhaus entfernen. Die Apfelviertel in Scheiben schneiden.

2 Die Butter in einer Kasserolle schmelzen. Die Zwiebel, die Selleriewürfel und den Apfel darin ca. 5 Min. andünsten. Mit der Gemüsebrühe aufgießen, aufkochen und alles bei schwacher Hitze zugedeckt ca. 20 Min. köcheln lassen, bis alles weich ist.

3 Das Gemüse pürieren. Den Mascarpone und den Meerrettich unterrühren. Alles ca. 5 Min. köcheln lassen, bis der Mascarpone aufgelöst ist. Die Sauce mit Zitronensaft, Salz und Pfeffer würzen und die Sellerieblättchen einstreuen.

extra

Für ein Fischragout pro Person 200 g Kabeljau in Stücke schneiden und in der Sauce gar ziehen lassen.

Zutaten für 4 Portionen:

3 Knoblauchzehen
1 Stück Ingwer (ca. 2 cm lang)
3 EL Sojaöl
400 ml Geflügelfond (aus dem Glas oder selbst zubereitet)
Saft von 1 Limette
1 EL Zucker
1 EL Fischsauce (Asienshop)
1 TL Korianderkörner
1 TL Sesamsamen
1 Bund Koriandergrün
Salz, Pfeffer
50 g Erdnüsse, grob gehackt

Zubereitungszeit: ca. 20 Min.
Pro Portion ca.: 940 kJ/225 kcal · 5 g E · 13 g F · 10 g KH

Paßt zu:
gebratenen Scampi, Schwertfisch oder Thunfisch, auch kalt zu Thunfischcarpaccio

ASIATISCH

Koriandersauce mit Erdnüssen

1 Für die Sauce die Knoblauchzehen und den Ingwer schälen und fein hacken. In einer Kasserolle das Sojaöl erhitzen. Knoblauch und Ingwer darin andünsten.

2 Den Geflügelfond, den Limettensaft, den Zucker und die Fischsauce dazugießen. Zucker, Korianderkörner und Sesam untermischen.

3 Den frischen Koriander waschen und die Hälfte des Bundes in den Topf legen. Die Sauce aufkochen und bei mittlerer Hitze offen um ein Drittel einkochen lassen. Dann die Sauce durch ein feines Sieb gießen und abschmecken.

4 Das restliche Koriandergrün fein hacken. Die Erdnüsse in der Küchenmaschine mittelfein zerkleinern und mit dem Koriander in die Sauce rühren.

extra

Ideen zum Abwandeln: Erdnüsse durch Mandeln ersetzen. Statt Ingwer frische Chilischoten nehmen.

Zutaten für 4 Portionen:

3 Schalotten
4 EL Butter
200 ml trockener Weißwein
250 g mehligkochende Kartoffeln (z. B. Primura)
200 ml Gemüsebrühe
2 Bund Dill
Salz, weißer Pfeffer

Zubereitungszeit: ca. 25 Min.
Pro Portion ca.: 690 kJ/165 kcal · 2 g E · 9 g F · 11 g KH

Paßt zu:
gebratenen Forellen- oder Fenchelfilets

RAFFINIERT

Kartoffelsauce mit Schalotten

1 Die Schalotten schälen und fein hacken. Die Butter in einem Topf schmelzen und die Schalotten darin andünsten. Mit dem Weißwein ablöschen, aufkochen und um die Hälfte einkochen lassen.

2 Inzwischen die Kartoffeln waschen, schälen und in kleine Würfel schneiden. In den Topf geben und mit der Gemüsebrühe aufgießen. Zugedeckt ca. 20 Min. köcheln lassen.

3 Den Dill abbrausen und trockentupfen. Die Blättchen abzupfen und fein hacken. Die Kartoffeln mit dem Pürierstab pürieren. Die Sauce mit Salz und Pfeffer würzen und den Dill einrühren.

extra

Idee zum Verfeinern: Nach Belieben zum Schluß noch 100 g geschlagene Sahne dazugeben.
Aus dem Vorrat: Anstelle der Kartoffel einfach 3–5 EL Kartoffelpüree aus der Tüte zum Binden in die Sauce rühren.

Zutaten für 4 Portionen:

1 Zwiebel
4 Knoblauchzehen
2 EL Olivenöl
1 Möhre
2 Zucchini
1 rote Paprikaschote
400 g Fleischtomaten
2 EL Tomatenmark
1 frische Chilischote
Salz, Pfeffer
1 kleiner Zweig Thymian
1 kleiner Zweig Rosmarin
1/4 l Gemüsebrühe nach Bedarf

Zubereitungszeit: ca. 40 Min.
Pro Portion ca.: 475 kJ/115 kcal · 3 g E · 7 g F · 9 g KH

Paßt zu:
Nudeln und Fisch

FÜR DIE SCHLANKE LINIE

Gemüsesauce mit Kräutern

1 Zwiebel und Knoblauch schälen und klein würfeln. In einem größeren Topf das Olivenöl erhitzen und beides darin bei schwacher Hitze dünsten.

2 Die Möhre schälen, grob raspeln und in den Topf geben. Die Zucchini putzen, waschen, grob raspeln und untermischen. Die Paprikaschote putzen, waschen, in kleine Würfel schneiden und dazugeben.

3 Die Tomaten überbrühen, häuten, entkernen, kleinschneiden und mit dem Tomatenmark untermischen. Die Chilischote längs aufschlitzen, kalt abspülen, in schmale Streifen schneiden und unterrühren. Mit Salz und Pfeffer würzen.

4 Thymian und Rosmarin kurz abbrausen und in den Topf legen. Die Sauce zugedeckt bei mittlerer Hitze ca. 25 Min. schmoren. Eventuell etwas Gemüsebrühe nachgießen. Zum Schluß Thymian und Rosmarin herausnehmen und wegwerfen. Die Sauce abschmecken und nachwürzen.

Variante:
250 g Hackfleisch oder 150 g kleingewürfelten Räucherspeck mit den Zwiebeln andünsten.

extra

Die Sauce ist auch kalt zu allen Grillgerichten ein Genuß. Dann noch 1 Schuß Aceto Balsamico und 1 Bund feingehackte Petersilie unter die kalte Sauce mischen.
Für den Vorrat: Die Sauce eignet sich sehr gut zum Einfrieren.

Zutaten für 4 Portionen:

1 kleine Zwiebel
1 Knoblauchzehe
3 EL Butter
1 Zweig Thymian
150 g gelbe Linsen
400 ml Gemüsebrühe
100 g Sahne
1 EL Currypulver, Salz
weißer Pfeffer

Zubereitungszeit: ca. 20 Min.
Pro Portion ca.: 1255 kJ/300 kcal · 13 g E · 15 g F · 28 g KH

Paßt zu:
gebratenen Wallerfilets, gekochtem Schellfisch oder gefüllten Schollenröllchen

RAFFINIERT

Gelbe Linsen-Sauce

1 Die Zwiebel und den Knoblauch schälen und fein hacken. Die Butter in einem kleinen Topf erhitzen. Zwiebel und Knoblauch darin andünsten. Thymian abbrausen.

2 Die Linsen in den Topf geben. Mit der Gemüsebrühe und der Sahne aufgießen und mit Curry, Salz und Pfeffer würzen. Die Thymianblättchen über dem Topf abstreifen. Alles zugedeckt bei mittlerer Hitze ca. 20 Min. köcheln lassen.

3 Die Linsen pürieren, abschmecken und eventuell nachwürzen.

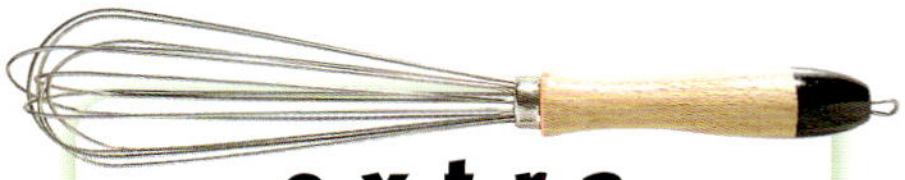

extra

Für einen Dip: Schmeckt auch kalt als Dip. Dafür 4–5 EL Kräuterquark unterrühren. Er paßt zu Chips, Toastscheiben oder als Aufstrich.
Blitzidee: Statt Linsen weiße Bohnen (1 kleine Dose) verwenden.

Dreifarbige Paprikasauce

Zutaten für 4 Portionen:

je 2 rote, grüne und gelbe Paprikaschoten
2 mittelgroße Zwiebeln
2 Knoblauchzehen
3 EL Butter
3/8 l Gemüsebrühe
Salz, schwarzer Pfeffer
1 TL Paprikapulver, edelsüß
1 Msp. Cayennepfeffer

Zubereitungszeit: ca. 40 Min.
Pro Portion ca.: 480 kJ/115 kcal · 3 g E · 7 g F · 9 g KH

Paßt zu:

Garnelen, dünn aufgeschnittener, kalter Hähnchenbrust, kaltem Braten und Terrinen

FÜR DIE SCHLANKE LINIE

1 Den Backofen auf 250° vorheizen. Paprikaschoten halbieren, putzen und waschen. Mit der Haut nach oben im Backofen (oben) ca. 20 Min. garen, bis die Haut dunkel wird und Blasen wirft. Herausnehmen und etwas abkühlen lassen.

2 Zwiebeln und Knoblauch schälen und fein hacken. Butter erhitzen, Zwiebeln und Knoblauch darin weich dünsten.

3 Paprikaschoten häuten. Jeweils eine farbige Sorte mit einem Drittel des Pfanneninhalts und 1/8 l Gemüsebrühe pürieren, mit Salz und Pfeffer würzen. Das rote Püree zusätzlich mit Paprikapulver und Cayennepfeffer würzen.

Varianten:
Die Saucen erwärmen und mit gedünstetem Fisch servieren. Weniger Aufwand macht es mit nur einer Sorte Paprikaschoten.

Cool und fresh

Scharfe Erdnuß-Sauce

Zutaten für 4 Portionen:

250 g Erdnußbutter (aus dem Glas)
100 ml Milch
1 frische rote Chilischote
1 Stück Ingwer (ca. 1 1/2 cm lang)
1 Knoblauchzehe
Salz, schwarzer Pfeffer
2 EL Zitronensaft

Zubereitungszeit: ca. 15 Min.
Pro Portion ca.: 1730 kJ/415 kcal · 18 g E · 32 g F · 12 g KH

Paßt zu:

Lecker als Füllung für Kirschtomaten (das sieht auch attraktiv aus); zu kalter, dünn aufgeschnittener Puten- oder Hähnchenbrust oder zu gegrilltem Fisch; zum Fondue chinoise

GUT VORZUBEREITEN

1 Die Erdnußbutter mit der Milch in eine kleine Schüssel füllen und glattrühren.

2 Die Chilischote entkernen und waschen. Den Ingwer schälen und zusammen mit der Chilischote fein hacken. Unter die Erdnußsauce rühren.

3 Den Knoblauch schälen und durch die Knoblauchpresse dazudrücken. Den Dip mit Salz, Pfeffer und Zitronensaft würzen und gut verrühren.

extra

Ideen zum Abwandeln: Zusätzlich können Sie noch 1 EL Currypulver untermischen oder 1 zerdrückte Banane. Wenn Sie statt Milch Kokosmilch (Dose) verwenden, bekommt die Sauce eine exotische Note.
Idee für die schlanke Linie: Nur ca. 120 g Erdnußbutter und Magermilch verwenden.

Tomatensauce mit saurer Sahne

Zutaten für 4 Portionen:

1 große Zwiebel
1 EL Olivenöl
3 Knoblauchzehen
500 g Fleischtomaten
200 g saure Sahne
je 1 TL Oregano und Thymian
Salz, schwarzer Pfeffer
1 Msp. Cayennepfeffer
1 Bund Basilikum

Zubereitungszeit: ca. 25 Min.
Pro Portion ca.: 480 kJ/115 kcal · 3 g E · 8 g F · 7 g KH

Paßt zu:

Nudeln und gekochtem Rindfleisch

FÜR DIE SCHLANKE LINIE

1 Die Zwiebel schälen und fein hacken. Das Olivenöl in einem kleinen Topf erhitzen. Die Zwiebel darin bei schwacher Hitze andünsten. Den Knoblauch schälen und dazupressen.

2 Die Tomaten überbrühen, häuten und die Kerne entfernen. Das Fruchtfleisch grob hacken und in den Topf geben. Mit Oregano, Thymian, Salz, Pfeffer und Cayennepfeffer würzen und ca. 5 Min. köcheln lassen. Pürieren und abkühlen lassen.

3 Die saure Sahne unter die kalte Sauce rühren und abschmecken. Das Basilikum waschen und trockentupfen. Die Blättchen abzupfen, grob hacken und zum Schluß unter die Sauce mischen.

extra

Für einen Dip: Statt saurer Sahne Doppelrahm-Frischkäse untermischen.
Blitzidee: 250 g passierte Tomaten aus dem Tetrapack anstelle von frischen Tomaten verwenden. Die Sauce läßt sich gut vorbereiten.

Thunfischcreme

Zutaten für 4 Portionen:
1 Dose Thunfisch im eigenen Saft
2 Sardellenfilets (aus der Dose)
2 ganz frische Eigelbe
200 ml Olivenöl
5 EL Zitronensaft
3 EL kleine Kapern
Salz, weißer Pfeffer

Zubereitungszeit: ca. 15 Min.
Pro Portion ca.: 1560 kJ/380 kcal · 9 g E · 38 g F · 0 g KH

Paßt zu:
dünn aufgeschnittener, gekochter Kalbsnuß als Vitello tonnato, gekochter Putenbrust, Ofenkartoffeln, Spaghetti. Gut auch als Aufstrich und als Basissauce zu Reissalat

GUT VORZUBEREITEN

1 Den Thunfisch aus der Dose nehmen und in einem Sieb gut abtropfen lassen. Die Sardellen unter kaltem Wasser kurz abspülen und mit dem Thunfisch im Mixer pürieren, in eine Schüssel füllen.

2 Die Eigelbe in einen Rührbecher geben. Mit den Schneebesen des Handrührers schlagen, dabei das Olivenöl ganz langsam dazugießen, bis eine cremige Sauce entstanden ist.

3 Die Mayonnaise unter das Thunfischpüree mischen. Den Zitronensaft und die Kapern unterrühren und mit Salz und Pfeffer würzen.

extra

Für einen Dip oder Aufstrich noch 1 Dose Thunfisch dazunehmen.
Idee zum Abwandeln: Knoblauch und frische gehackte Kräuter untermischen.
Blitzidee: Schneller geht's mit fertiger Mayonnaise.
Für die schlanke Linie: Weniger kalorienhaltig wird die Creme, wenn Sie die Mayonnaise mit Joghurt strecken, dann stärker würzen.

Süß-saurer Aprikosendip

Zutaten für 4 Portionen:
200 g entsteinte Trockenaprikosen
1 kleine Zwiebel
1 Stück Ingwer (ca. 1 cm)
1 frische, rote Chilischote
1 EL Butter
Salz
weißer Pfeffer
1 TL Currypulver
100 ml trockener Weißwein
100 ml Gemüsebrühe
2 EL Zitronensaft

Zubereitungszeit: ca. 20 Min.
Pro Portion ca.: 670 kJ/160 kcal · 3 g E · 2 g F · 26 g KH

Paßt zu:
kaltem Fleisch, geräuchertem Fisch wie Heilbutt und Stör, gegrillten oder gebratenen Scampis

FÜR DIE SCHLANKE LINIE

1 Die Aprikose kleinschneiden. Die Zwiebel und den Ingwer schälen und fein hacken. Die Chilischote entkernen, waschen und kleinschneiden.

2 Die Butter in einem Topf schmelzen und alles darin ca. 5 Min. dünsten. Mit Salz, Pfeffer und Curry würzen. Mit dem Weißwein ablöschen, aufkochen lassen und die Gemüsebrühe dazugießen. Zugedeckt ca. 15 Min. köcheln lassen.

3 Den Topfinhalt mit der Küchenmaschine fein zerkleinern und mit Zitronensaft abschmecken. Den Dip in eine kleine Schüssel füllen und abkühlen lassen.

extra

Idee zum Abwandeln: Zusätzlich 1–2 EL Kokosflocken unterrühren, das verleiht eine exotische Note.

Artischockendip mit Pecorino

Zutaten für 4 Portionen:
2 Dosen Artischockenherzen (je 240 g)
2 Knoblauchzehen
1 Bund Rucola
3 EL Pinienkerne
3 EL Olivenöl
Salz, schwarzer Pfeffer
1 EL Zitronensaft
1 TL abgeriebene Zitronenschale
4 EL Pecorino, frisch gerieben

Zubereitungszeit: ca. 20 Min.
Pro Portion ca.: 775 kJ/185 kcal · 5 g E · 11 g F · 6 g KH

Paßt zu:
dünn aufgeschnittener, geräucherter Entenbrust als Vorspeise, gegrillten Lammkoteletts, Nudeln, kaltem Geflügel oder zum Füllen, z. B. für Stangensellerie oder Tomaten. Schön auch zum Fondue

RAFFINIERT

1 Die Artischockenherzen in einem Sieb abtropfen lassen. Die Knoblauchzehen schälen. Die Rucola putzen, waschen und grob zerschneiden.

2 Die Artischockenherzen mit dem Knoblauch, der Rucola, den Pinienkernen und dem Olivenöl im Mixer pürieren.

3 Das Artischockenpüree mit Salz, Pfeffer, Zitronensaft und -schale würzen und zum Schluß den Pecorino unterrühren.

Varianten:
Noch 2–3 Sardellenfilets mit in den Mixer geben. Oder kleingehackte grüne oder schwarze Oliven untermischen.

Ganz toll als Crostini:
Dafür Baguettescheiben rösten und mit dem Dip bestreichen. Mit Olivenölscheiben garnieren.

extra

Für den Vorrat: Läßt sich in einem Schraubglas gut 1 Woche aufheben.

Kräuter-Quark-Dip

Zutaten für 4 Portionen:
500 g Sahnequark
2 EL Zitronensaft
Salz, weißer Pfeffer
1 Msp. Cayennepfeffer
3–4 Knoblauchzehen
je 1 Bund Petersilie, Basilikum, Rucola, Schnittlauch

Zubereitungszeit: ca. 15 Min.
Pro Portion ca.: 890 kJ/215 kcal · 15 g E · 14 g F · 6 g KH

Paßt zu:
Kartoffeln, Fleischfondue, Lammkoteletts

PREISWERT

1 Den Sahnequark mit dem Zitronensaft verrühren. Mit Salz, Pfeffer und Cayennepfeffer würzen.

2 Den Knoblauch schälen und dazupressen. Die Kräuter waschen und trockentupfen. Dann die Blättchen abzupfen, fein hacken und unter den Quark mischen.

Varianten:
Für Tsatziki 1 entkernte, geraspelte Gurke und 1 Bund gehackte Minze untermischen. Für Paprikadip 2 rote Paprikaschoten und 1 Chilischote pürieren und untermischen.

extra

Aus dem Vorrat: Anstelle von frischen Kräutern tiefgekühlte oder gefriergetrocknete verwenden.
So wird eine Sauce daraus: Die Hälfte des Sahnequarks durch Joghurt ersetzen. Toll zu Salat.
Für die schlanke Linie: Anstelle von Sahnequark Magerquark verwenden und mit Mineralwasser glattrühren.

Auberginendip mit Oliven

Zutaten für 4 Portionen:
1 mittelgroße Aubergine (ca. 500 g)
3 Knoblauchzehen
2 Bund Basilikum (oder 1 Töpfchen)
250 g griechischer Schafkäse
50 g schwarze Oliven, entsteint
3 EL Olivenöl
2 EL Zitronensaft
Salz, schwarzer Pfeffer

Garzeit: 30–35 Min.
Zubereitungszeit: ca. 10 Min. +Kühlzeit
Pro Portion ca.: 1025 kJ/245 kcal · 13 g E · 19 g F · 5 g KH

Paßt zu:
Gut als Teil eines Vorspeisetellers. Oder einfach mit warmem Sesamfladen oder zu Spaghetti reichen

GUT VORZUBEREITEN

1 Den Backofen auf 220° vorheizen. Die Aubergine vom Stielansatz befreien, längs halbieren, mit den Schnittflächen nach oben auf ein Backblech legen und im Backofen (Mitte) 30–35 Min. garen.

2 Inzwischen den Knoblauch schälen. Das Basilikum waschen, trockentupfen und die Blättchen abzupfen. Ein paar Blättchen beiseite legen.

3 Die Aubergine herausnehmen, das Fruchtfleisch aus den Schalen lösen und mit dem Knoblauch, dem Schafkäse und dem Basilikum im Mixer pürieren. Die Oliven grob hacken.

4 Das Olivenöl, die Oliven und den Zitronensaft untermischen und mit Salz und Pfeffer würzen. Bis zum Servieren kalt stellen. Mit Basilikumblättchen nett garnieren.

Variante:
Statt Schafkäse 150 g Tahini (Sesampaste) verwenden.

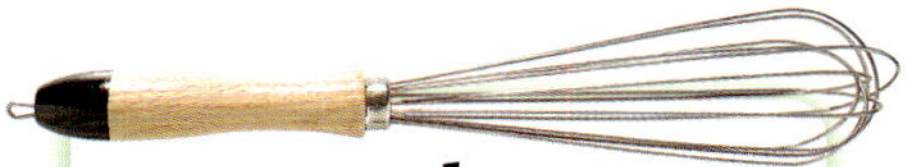

extra

So wird eine Sauce daraus: $^{1}/_{2}$ l heiße Gemüsebrühe untermischen. Super zu Lammkoteletts.

Salsa verde

Zutaten für 4 Portionen:
1 kleine Zwiebel
je 1 Bund Schnittlauch, Petersilie Basilikum
je 1 Zweig Oregano und Thymian
3 Knoblauchzehen
100 ml Olivenöl
5 EL Aceto Balsamico
Salz
schwarzer Pfeffer
50 g Parmesan, frisch gerieben

Zubereitungszeit: ca. 15 Min.
Pro Portion ca.: 940 kJ/225 kcal · 7 g E · 20 g F · 5 g KH

Paßt zu:
kaltem Fleisch, besonders gut zu dünn aufgeschnittenem Tafelspitz, aber auch zu Kasseler oder Putenbrust oder Hähnchen

AUS ITALIEN

1 Die Zwiebel schälen und fein hacken. Die Kräuter waschen, die Blättchen abzupfen. Den Knoblauch schälen. Zusammen mit den Kräutern und dem Olivenöl im Mixer pürieren.

2 Das Kräuterpüree in eine Schüssel geben, den Balsamico unterrühren und mit Salz und Pfeffer würzen. Die Zwiebel und den Parmesan untermischen.

Variante:
Die Sauce ist klasse zu Salat, besonders Fleischsalat: Dafür pro Person 100–150 g kalten Braten, Roatsbeef, Geflügel oder Schweinefilet in schmale Streifen schneiden und mit der Sauce mischen.

extra

Von dieser Sauce gibt es unzählige Varianten. In Genua werden noch Pinienkerne und Anchovisfilets mitgemixt, dort ißt man sie gerne zu gekochtem Rindfleisch. In Piemont werden gekochte, kleingehackte Eier untergemischt. Dort wird sie traditionell zu »Bollito misto«, gemischtem gekochten Fleisch, gereicht.

Tomaten-Robiola-Pesto

Zutaten für 4 Portionen:
1 Glas getrocknete Tomaten in Öl (340 g Inhalt)
2 Knoblauchzehen
1 rote Peperoni
150 g Robiola (siehe extra)
4 EL Aceto Balsamico
Salz, Pfeffer
1 Bund Basilikum

Zubereitungszeit: ca. 20 Min.
Pro Portion ca.: 1465 kJ/350 kcal · 15 g E · 15 g F · 50 g KH

Paßt zu:
Super als Fonduesauce und zu Nudeln

EXKLUSIV

1 Die getrockneten Tomaten abgießen und dabei das Öl auffangen. Den Knoblauch schälen. Die Peperoni halbieren, entkernen und waschen.

2 Die getrockneten Tomaten mit dem Knoblauch und der Peperoni im Mixer fein pürieren. Den Robiola und das Tomatenöl nach und nach dazugießen.

3 Das Pesto mit dem Balsamico, Salz und Pfeffer würzen. Das Basilikum waschen, die Blättchen abzupfen, grob hacken und zum Schluß untermischen.

extra

Für den Vorrat: Am besten gleich eine größere Menge zubereiten und das Tomatenpesto ohne Basilikum in ein Schraubglas füllen. Hält mindestens 1 Woche. Schön als Mitbringsel aus der Küche.
Info: Robiola ist ein Kuhmilch-Frischkäse aus dem Piemont. Er wird in Würfeln von 200 g verkauft. Er hat eine cremige Konsistenz und schmeckt aromatisch-säuerlich.

Maisdip mit Paprika

Zutaten für 4 Portionen:
1 kleine Dose Mais
1 kleine Zwiebel
1 Knoblauchzehe
250 g Sahnequark
2 EL Zitronensaft
1 rote Paprikaschote
1/2 Bund Petersilie
Salz, schwarzer Pfeffer
1 Msp. Cayennepfeffer

Zubereitungszeit: ca. 20 Min.
Pro Portion ca.: 1465 kJ/350 kcal · 14 g E · 10 g F · 50 g KH

Paßt zu:
Tortillachips als Dip, aber auch zu knusprig gebratenen »Chicken Wings« und zu Schweinemedaillons.
Schmeckt auch als Brotaufstrich sehr gut. Auch für Crostini auf getoasteten Baguettescheiben.

GUT VORZUBEREITEN

1 Den Mais in einem Sieb abtropfen lassen, dann im Mixer pürieren. Die Zwiebel und die Knoblauchzehe schälen, fein hacken und mit dem Maispüree in eine Schüssel füllen. Den Sahnequark mit dem Zitronensaft untermischen.

2 Die Paprikaschote putzen, waschen und klein würfeln. Die Petersilie waschen und trockentupfen. Die Blättchen abzupfen, fein hacken und mit den Paprikawürfeln unter die Maiscreme mischen. Mit Salz, Pfeffer und Cayennepfeffer würzen. Schmeckt als Füllung für Gemüse, kalt oder mit Käse bestreut und gratiniert.

Variante:
Den Mais durch weiße Bohnen oder Kidneybohnen ersetzen und dann mit gelben Paprikawürfeln bestreuen.

Pesto

Zutaten für 4 Portionen:
3–4 Bund Basilikum (je nach Größe)
4–5 Knoblauchzehen
3 EL Pinienkerne
200 ml bestes Olivenöl
3 EL Parmesan, frisch gerieben
etwas Salz
schwarzer Pfeffer

Zubereitungszeit: ca. 15 Min.
Pro Portion ca.: 1505 kJ/360 kcal · 3 g E · 37 g F · 3 g KH

Paßt zu:
Trennette, Spaghetti, in der Salatsauce, als Aufstrich, auf dem Carpaccio

KLASSIKER AUS ITALIEN

1 Das Basilikum abbrausen und die Blättchen abzupfen. Den Knoblauch schälen. Zusammen mit dem Basilikum und den Pinienkernen im Mixer pürieren.

2 Das Olivenöl nach und nach untermischen, den Parmesan unterrühren und mit Salz und Pfeffer abschmecken.

extra

Selbstgemachtes, frisches Pesto schmeckt einfach unübertrefflich.
Für den Vorrat: Es ist ganz schnell und einfach gemacht und hält sich in einem Schraubglas, immer mit einer Schicht Olivenöl bedeckt, gut 4 Wochen.
Blitzidee: Brot toasten, Pesto draufschmieren, sofort mit gehackten, getrockneten Tomaten und Feta-Käsewürfelchen bestreuen.

Avocadodip

Zutaten für 4 Portionen:
1 große Fleischtomate (ca. 250 g)
1 kleine Zwiebel
2 Knoblauchzehen
1 frische rote Chilischote
1 Limette
2 reife Avocados
Salz, schwarzer Pfeffer
1 Bund Koriandergrün oder glatte Petersilie

Zubereitungszeit: ca. 15 Min.
Pro Portion ca.: 1120 kJ/270 kcal · 4 g E · 27 g F · 4 g KH

Paßt zu:
Nachos oder Kartoffelchips, gut auch zu gegrilltem Fisch, zu Fleisch und Geflügel

SCHARF

1 Die Fleischtomate überbrühen, häuten, entkernen und das Fruchtfleisch in kleine Würfel schneiden. Die Zwiebel und den Knoblauch schälen und sehr fein hacken.

2 Die Chilischote längs aufschlitzen, von den Kernen befreien, waschen und winzig klein würfeln.

3 Die Limette auspressen. Die Avocados längs halbieren, die Kerne entfernen und das Fruchtfleisch herauslösen. Das Fruchtfleisch mit dem Limettensaft im Mixer pürieren.

4 Das Avocadopüree mit den Tomatenwürfeln, der Zwiebel, dem Knoblauch und den Chillies mischen. Mit Salz und Pfeffer würzen. Den Koriander waschen und trockentupfen. Die Blättchen abzupfen, fein hacken und unter das Avocadopüree rühren.

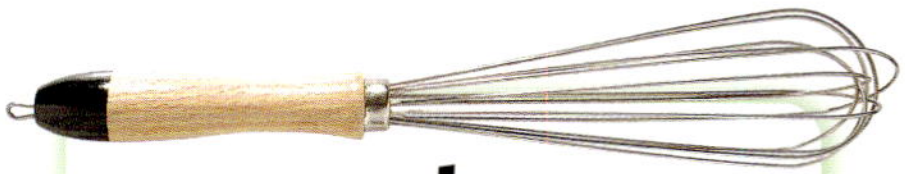

extra

Der Avocadodip heißt in Mexiko Guacamole und paßt toll für eine heiße »Fiesta Mexicana«.

KENWOOD

Eier-Senf-Dip

Zutaten für 4 Portionen:

4 Eier
2 Frühlingszwiebeln
5 Cornichons (aus dem Glas)
250 g saure Sahne
2 EL mittelscharfer Senf
Salz, weißer Pfeffer

Zubereitungszeit: ca. 20 Min.
Pro Portion ca.: 730 kJ/175 kcal · 10 g E · 13 g F · 4 g KH

Paßt zu:
Gemüse und Chips

GUT VORZUBEREITEN

1 Die Eier in ca. 10 Min. hart kochen. Kalt abschrecken, etwas abkühlen lassen, pellen und fein hacken. Die Frühlingszwiebeln putzen, waschen und fein hacken. Die Cornichons ebenfalls fein hacken.

2 In einer Schüssel die saure Sahne mit dem Senf gut verrühren. Die gehackten Eier, die Frühlingszwiebeln und die Cornichons untermischen. Den Dip mit Salz und Pfeffer abschmecken.

Varianten:
Für einen Salat 1 Gurke schälen, grob raspeln und untermischen. Oder 3 rote, kleingewürfelte Paprikaschoten.

extra

Auch ganz toll als Aufstrich oder als Füllung, z. B. von Kirschtomaten oder Selleriestangen, als Vorspeise oder Häppchen zum Aperitif.
Mit Pellkartoffeln ein feines, kleines Abendessen.

Gurkendip mit Oliven

Zutaten für 4 Portionen:

1 große Salatgurke
250 g griechischer Joghurt
4 Knoblauchzehen
1 Bund frische Minze
1 kleines Bund Dill
4 EL Olivenöl
Salz, schwarzer Pfeffer
50 g schwarze Oliven, entsteint

Zubereitungszeit: ca. 20 Min.
Pro Portion ca.: 710 kJ/170 kcal · 3 g E · 14 g F · 8 g KH

Paßt zu:
Als Vorspeise mit Brot oder als erfrischende Beilage zu gegrilltem Fleisch oder Fisch

ERFRISCHEND

1 Die Gurke schälen, erst quer, dann längs halbieren und die Kerne mit einem Löffel herausschaben. Die Gurke auf einer Gemüsereibe grob raspeln, in einem Sieb sehr gut auspressen und in eine Schüssel füllen.

2 Den Joghurt dazugeben. Den Knoblauch schälen und dazupressen. Die Minze und den Dill abbrausen und trockentupfen. Die Blättchen abzupfen und fein hacken. Einige Blättchen beiseite legen.

3 Die Kräuter und das Olivenöl in den Gurkenjoghurt geben und alles gut mischen. Mit Salz und Pfeffer würzen. Die Oliven grob hacken. Die Hälfte davon untermischen, die restlichen auf den Dip streuen.

Varianten:
Mit Ofenkartoffeln ein köstliches, vegetarisches Gericht. Zusätzlich noch 200 g Schafkäse zerkleinert unterrühren.

Bohnendip mit Chillie und Koriander

Zutaten für 4 Portionen:

2 Dosen Kidneybohnen (je 400 g)
1 Zwiebel
2 Knoblauchzehen
4 EL Olivenöl
2 rote, frische Chilischoten
100 ml Tomatensaft
Salz, schwarzer Pfeffer
1 Bund Koriandergrün

Zubereitungszeit: ca. 15 Min.
Pro Portion ca.: 1890 kJ/450 kcal · 33 g E · 8 g F · 61 g KH

Paßt zu:
Tortilla- oder Kartoffelchips, zum Fondue oder zu gegrilltem Fleisch

SCHARF

1 Die Bohnen in ein Sieb geben, abbrausen und abtropfen lassen. Die Zwiebel und den Knoblauch schälen und fein hacken. Das Olivenöl in einer Pfanne erhitzen, die Zwiebel und den Knoblauch darin andünsten.

2 Die Chilischoten längs aufschlitzen, entkernen, waschen und kleinschneiden. In die Pfanne geben und kurz mitdünsten. Die Bohnen und den Tomatensaft dazugeben und mit Salz und Pfeffer würzen. Alles ca. 10 Min. zugedeckt köcheln lassen.

3 Inzwischen das Koriandergrün waschen, die Blättchen abzupfen und nicht ganz fein hacken. Die Bohnen pürieren. Den Dip in eine Schüssel füllen, abschmecken und, falls nötig, nachwürzen, da Bohnen viel Würzkraft aufnehmen. Den Koriander vor dem Servieren untermischen.

Variante:
Als Suppe $^3/_4$ l Tomatensaft zufügen, ca. 15 Min. köcheln lassen und den Koriander einrühren.

extra

Für den Vorrat: Läßt sich prima vorbereiten und hält sich in einem Schraubglas 2 Wochen im Kühlschrank.

Tomaten-Frischkäse-Dip

Zutaten für 4 Portionen:

1 große Zwiebel
2 EL Olivenöl
3 Knoblauchzehen
500 g Fleischtomaten
200 g Doppelrahm-Frischkäse
je 1 TL Oregano und Thymian
Salz, schwarzer Pfeffer
1 Msp. Cayennepfeffer
1 Bund Basilikum

Zubereitungszeit: ca. 25 Min. + Kühlzeit
Pro Portion ca.: 900 kJ/215 kcal · 4 g E · 19 g F · 7 g KH

Paßt zu:
Kartoffelpuffern und Rösti als vegetarische Variante. Als Vorspeise super zu Scampi oder warm als Nudelsauce

ERFRISCHEND

1 Die Zwiebel schälen und fein hacken. Das Olivenöl in einem kleinen Topf erhitzen. Die Zwiebel darin bei schwacher Hitze andünsten. Den Knoblauch schälen und dazupressen.

2 Die Tomaten überbrühen, häuten und die Kerne entfernen. Das Fruchtfleisch grob hacken und in den Topf geben. Alles ca. 10 Min. dünsten.

3 Den Frischkäse unterrühren. Die Tomaten mit Oregano, Thymian, Salz, Pfeffer und Cayennepfeffer würzen und ca. 5 Min. köcheln lassen, bis sich der Käse ganz aufgelöst hat. Den Dip in eine kleine Schüssel füllen und abkühlen lassen.

4 Das Basilikum waschen und trockentupfen. Die Blättchen abzupfen, einige zum Garnieren beiseite legen. Die restlichen grob hacken und unter den Dip mischen. Mit den Blättchen garnieren.

extra

Läßt sich gut vorbereiten und ist auch als Aufstrich gut geeignet.

Ananas-Mango-Sauce

Zutaten für 4 Portionen:
1 reife Mango
1 Limette
3 EL Puderzucker
1 kleine reife Ananas
4 EL Kokosflocken

Zubereitungszeit: ca. 25 Min.
Pro Portion ca.: 605 kJ/145 kcal ·
1 g E · 4 g F · 25 g KH

Paßt zu:
Kokoseis, weißer Schoko-Mousse oder Pudding

ERFRISCHEND

1 Die Mango schälen. Das Fruchtfleisch rund um den Kern mit einem scharfen Messer abschneiden. Die Limette auspressen. Das Mangofleisch mit dem Limettensaft und dem Puderzucker im Mixer pürieren.

2 Die Ananas schälen und vierteln. Den inneren harten Kern herausschneiden. Das Fruchtfleisch der Ananas ganz klein würfeln und mit den Kokosflocken unter das Mangopüree mischen. Die Fruchtsauce bis zum Servieren kalt stellen.

So wird ein Eis daraus:
200 g Sahne steif schlagen und unter die Sauce mischen. Für etwa 4 Std. in das Tiefkühlgerät stellen.

Blitzidee für ein Tiramisu:
Die doppelte Menge Sauce zubereiten. 1 kleines Päckchen Biskuits in einer flachen Schüssel ausbreiten. Mit etwas Fruchtlikör oder Saft nach Gusto tränken. Die Sauce darüber gießen und alles mit Puderzucker bestäuben.

Süße Saucen

Himbeersauce

Zutaten für 4 Portionen:

300 g Himbeeren (frisch oder tiefgekühlt)
3–4 EL Zitronensaft
3 EL Puderzucker
4 cl Himbeergeist nach Belieben
$^1/_2$ Bund Minze

Zubereitungszeit: ca. 20 Min.
Pro Portion ca.: 315 kJ/75 kcal · 1 g E · 0 g F · 11 g KH

Paßt zu:

Vanilleeis, Joghurtmousse, Panna cotta, auch ohne Minze

FÜR DIE SCHLANKE LINIE

1 Die Himbeeren in einen Topf geben, den Zitronensaft und den Puderzucker untermischen. Alles zugedeckt ca. 10 Min. köcheln lassen.

2 Die gedünsteten Himbeeren durch ein feines Sieb streichen. Den Himbeergeist nach Belieben untermischen und die Sauce abkühlen lassen.

3 Die Minze waschen, trockentupfen und die Blättchen abzupfen. Einige Minzeblättchen zum Garnieren beiseite legen, die restlichen kleinschneiden, untermischen und abkühlen lassen.

extra

Die Himbeersauce als Spiegel auf vier Teller gießen. Mit den Minzeblättchen garnieren.
Nur die Hälfte der Himbeeren pürieren, die restlichen ganz lassen und unter die Sauce mischen. Die heiße Sauce über Vanille- oder Walnußeis gießen.
Für ein Parfait: 200 g Sahne steif schlagen, unter die Himbeersauce rühren und alles für ca. 4 Std. in das Tiefkühlgerät stellen.

Grapefruitsauce

Zutaten für 4 Portionen:

3 rosa Grapefruits
50 g brauner Zucker
4 EL Limettensirup
25 g grüne, gehackte Pistazien (Fertigprodukt)

Zubereitungszeit: ca. 20 Min. + Kühlzeit
Pro Portion ca.: 650 kJ/155 kcal · 2 g E · 3 g F · 30 g KH

Paßt zu:

Fruchtsülzen

ERFRISCHEND

1 Die Grapefruits auspressen und den Saft durch ein feines Sieb gießen.

2 Den Zucker in einem kleinen Topf bei schwacher Hitze schmelzen und dabei braun werden lassen. Den Grapefruitsaft nach und nach unterrühren und offen köcheln lassen, bis die Sauce dickflüssig ist.

3 Den Limettensirup untermischen, aufkochen lassen und zum Schluß die gehackten Pistazien einstreuen. Die Sauce ganz abkühlen lassen.

Varianten:
Statt Grapefruitsaft Orangensaft oder jede andere Saftart verwenden.
Sahnequark mit der Sahne verrühren und als Dessert servieren.
Mit gehackten Pistazienkernen bestreuen.

extra

Die Sauce als Spiegel auf Teller gießen und verschiedene Fruchtsorbets als Nocken darauf anrichten. Mit Minze oder Zitronenmelisse garnieren.

Lychee-Kokos-Sauce mit Rum

Zutaten für 4 Portionen:
8 frische Lychees
(oder 1 kleine Dose Lychees, ca. 500 g)
2 EL Kokosflocken
Saft von 1 Limette
150 g Crème fraîche
4 cl weißer Rum

Zubereitungszeit: ca. 15 Min.
Pro Portion ca.: 880 kJ/210 kcal · 1 g E · 17 g F · 7 g KH

Paßt zu:
gebratenen Bananen und fritierten Ananasscheiben, exotischen Früchten wie Papayas, Mangos, Ananas. Oder über einen Salat aus diesen Früchten

EXOTISCH

1 Frische Lychees schälen und die Kerne entfernen. Die Lychees aus der Dose abtropfen lassen.

2 Die Lychees zusammen mit den Kokosflocken und dem Limettensaft im Mixer pürieren und durch ein feines Sieb streichen.

3 Die Crème fraîche und den Rum unter die Lycheesauce rühren.

extra

Blitzidee für Trifle mit dieser Sauce: Beliebige Kuchenreste in Streifen schneiden, 1 Dose Lychees abtropfen lassen, über die Kuchenstreifen geben. Die Sauce darüber gießen, alles einmal unterheben und kurz kühl stellen.

Walnuß-Orangen-Sauce

Zutaten für 4 Portionen:
80 g brauner Zucker
$^1/_4$ l Orangensaft, frisch gepreßt
50 g Walnüsse
100 g Sahne
4 cl Cointreau (Orangenlikör) nach Belieben

Zubereitungszeit: ca. 15 Min.
Pro Portion ca.: 940 kJ/225 kcal · 2 g E · 11 g F · 25 g KH

Paßt zu:
Früchten oder Eis, zum Füllen von Crêpes oder unter Milchreis

GUT VORZUBEREITEN

1 Den Zucker mit 2 EL Wasser in einer Pfanne langsam bei schwacher Hitze schmelzen. Dabei umrühren und den Orangensaft nach und nach dazugießen.

2 Die Walnüsse mittelfein hacken und dazugeben. Mit der Sahne und dem Cointreau aufgießen. Offen ca. 5 Min. weiterköcheln lassen, bis eine dickliche Sauce entstanden ist.

Variante:
Anstelle von Walnüssen passen auch Mandeln oder Haselnüsse. Interessant ist auch eine Mischung aus verschiedenen Sorten.

Zutaten für 4 Portionen:
100 g frischer Ingwer
100 g Zucker
2 Eigelbe
100 g Sahne

Zubereitungszeit: ca. 20 Min.
Pro Portion ca.: 840 kJ/335 kcal · 3 g E · 11 g F · 29 g KH

Paßt zu:
gebratenen Bananen, Ananas oder Schokoladenkuchen

EXOTISCH

Ingwersauce

1 Den Ingwer schälen und in kleine Würfel schneiden. Zuammen mit der Hälfte des Zuckers und 200 ml Wasser in einen kleinen Topf geben, aufkochen und ca. 10 Min. köcheln lassen. Den Topf vom Herd nehmen und den Sirup abkühlen lassen.

2 Den restlichen Zucker mit den Eigelben in eine kleine Schüssel geben und mit den Schneebesen des Handrührgeräts schaumig schlagen. Die Schüssel in ein leicht siedendes Wasserbad (Seite 114) stellen und weiterschlagen, bis eine dickliche Creme entstanden ist.

3 Die Schüssel herausnehmen und den Ingwersirup durch ein feines Sieb dazugießen. Die Sahne leicht aufschlagen und unterheben.

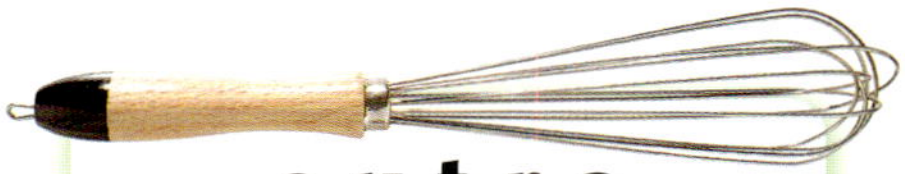

extra

Blitzidee: Für eine Quarkspeise die Sauce mit kleingeschnittenen Früchten wie Ananas, Mango, Kiwi oder Banane unter Quark mischen und als Dessert servieren.

Zutaten für 4–6 Portionen:
3 ganz frische Eier
50 g Zucker
1 TL abgeriebene Zitronenschale
1 EL Zitronensaft
100 ml Holundersirup
300 ml Holundersaft (aus dem Reformhaus)

Zubereitungszeit: ca. 25 Min.
Bei 6 Portionen pro Portion ca.: 565 kJ/135 kcal · 5 g E · 3 g F · 21 g KH

Paßt zu:
warm oder kalt zu Pudding, Dampfnudeln, Panna cotta, aber auch zu Eis oder süßen Aufläufen wie Grießauflauf, Quarksoufflé

RAFFINIERT

Holunderschaum

1 Ein Wasserbad vorbereiten (Seite 114). 2 Eier trennen und die Eigelbe mit dem ganzen Ei, dem Zucker, der Zitronenschale und dem Zitronensaft in eine Metallschüssel geben. Alles mit dem Schneebesen des Handrührgeräts zu einer cremigen Masse aufschlagen.

2 Die Schüssel in das leicht siedende Wasserbad stellen. Weiterschlagen und dabei den Holundersirup und den Holundersaft langsam dazufließen lassen, bis eine cremige Masse entstanden ist. Vom Herd nehmen.

3 Die Eiweiße zu Eischnee aufschlagen und gleichmäßig unter die Sauce heben.

Variante
Für ein Parfait 200 g Sahne steif schlagen. Unter den abgekühlten Schaum rühren. In eine Form füllen und im Tiefkühlgerät fest werden lassen.

Eierlikörsauce

Zutaten für 4 Portionen:

125 g Sahnequark
100 g Sahne
Saft und abgeriebene Schale von $^1/_2$ unbehandelten Zitrone
100 ml Eierlikör

Zubereitungszeit: ca. 15 Min.
Pro Portion ca.: 635 kJ/150 kcal · 4 g E · 8 g F · 3 g KH

Paßt zu:

Birnenkompott, lauwarmer Apfeltarte oder Bratäpfeln

SCHNELL

1 Den Sahnequark und die Sahne mit der Küchenmaschine aufschlagen.

2 Den Zitronensaft mit der abgeriebenen Schale und dem Eierlikör dazugeben und untermischen.

Variante:
Für einen heißen Longdrink statt Sahnequark $^1/_2$ l heiße Milch nehmen. Den Drink in hitzebeständige Gläser füllen und mit etwas Zimt bestreuen.
Den Eierlikör durch Wiskhy-Sahne- oder Kaffeelikör ersetzen.

extra

Blitzrezept: Für ein Gratin mit Kirschen 250 g Quark nehmen und noch 2 Eier untermischen. Bei 200° ca. 20 Min. überbacken.
Idee für die schlanke Linie: Normalen Quark nehmen und Sahne teilweise durch Milch ersetzen.

Ahornsauce

Zutaten für 4 Portionen:

1 EL Butter
50 g brauner Zucker
200 ml Ahornsirup
100 g Sahne
1 Tütchen Vanillepulver

Zubereitungszeit: ca. 20 Min.
Pro Portion ca.: 1150 kJ/275 kcal · 0 g E · 6 g F · 58 g KH

Paßt zu:

Eis oder Bratäpfeln, amerikanischen »Pancakes« und Apfelkücherl; auch kalt zu Waffeln oder Obstsalat

GUT VORZUBEREITEN

1 Die Butter in einem kleinen Topf schmelzen und den Zucker dazugeben. Den Ahornsirup untermischen und alles bei schwacher Hitze erwärmen, bis sich der Zucker völlig aufgelöst hat. Dabei ab und zu umrühren.

2 Die Sahne nach und nach unterrühren und das Vanille-Aroma dazugeben. Die Sauce ca. 5 Min. leicht köcheln lassen.

Variante:
Statt Ahornsirup Grenadine, Kokos- oder Limettensirup verwenden. Nach Belieben noch Cognac, braunen Rum oder Calvados unterrühren.

extra

Für den Vorrat: Gleich eine größere Menge machen, in ein Schraubglas füllen und kalt stellen. Hält sich ca. 5 Wochen. Auch schön als Mitbringsel aus der Küche.
Für die schlanke Linie: Nur 100 ml Ahornsirup verwenden und statt Sahne fettarme Milch.

Maronensauce

Zutaten für 4–6 Portionen:

1 Vanilleschote (ersatzweise 1 Päckchen Vanillepulver)
300 ml Milch
4 EL Honig
1 Dose ungesüßtes Maronenpüree (435 g)
1 TL Zimtpulver
2 EL Zitronensaft
4 cl Cointreau (Orangenlikör) nach Belieben

Zubereitungszeit: ca. 15 Min.
Bei 6 Portionen pro Portion ca.: 1330 kJ/320 kcal · 6 g E · 5 g F · 56 g KH

Paßt zu:
Bratäpfeln, Waffeln, Soufflés, kalt zu Eis, zu Cremes und zu Mousse

RAFFINIERT

1 Die Vanilleschote aufschlitzen und das Vanillemark herauskratzen. Das Vanillemark und die Vanilleschote mit der Milch in einen kleinen Topf geben. Den Honig dazugeben und alles langsam aufkochen lassen.

2 Das Maronenpüree dazugeben und bei schwacher Hitze rühren, bis es sich ganz aufgelöst hat. Den Zimt, den Zitronensaft und den Cointreau unterrühren.

extra

Die ausgekratzte Vanilleschote in Zucker legen, dann bekommt er ein tolles Vanillearoma.

Variante:
Maronendessert
400 g Sahne sehr steif schlagen und im Tiefkühlgerät sehr kalt werden lassen. 100 g grob zerkleinerte Amaretti und die Sauce unterheben. Sofort servieren.

Campari-Sabayon

Zutaten für 4 Portionen:

3 Eigelbe
3 EL Zucker
200 ml Johannisbeersaft
100 ml Campari
Saft von 1 Limette

Zubereitungszeit: ca. 15 Min.
Pro Portion ca.: 730 kJ/175 kcal · 2 g E · 5 g F · 18 g KH

Paßt zu:
warm oder kalt zu Eis, zu frischen Beeren und Obstsülzen, zu Mousse

RAFFINIERT

1 Ein Wasserbad vorbereiten. Die Eigelbe mit dem Zucker in eine Metallschüssel geben und mit den Schneebesen des Handrührgeräts schaumig schlagen.

2 Die Schüssel dann in ein heißes Wasserbad stellen und dann so lange weiterschlagen, bis die Masse dickcremig und hellgelb wird.

3 Den Johannisbeersaft mit dem Campari mischen und langsam unter ständigem Rühren dazufließen lassen. Zum Schluß den Limettensaft unterrühren.

Variante:
Für Eis 200 g Sahne sehr steif schlagen, unterheben und für mindestens 4 Std. ins Tiefkühlgerät stellen.

extra

Für Kinder den Campari durch Saft ersetzen.
Für Gäste die Menge verdoppeln und das Sabayon als Dessert in Gläser füllen.

Zutaten für 4–6 Portionen:
3 Eigelbe
4 EL Zucker
1 Vanilleschote
200 ml Milch
200 g Sahne

Zubereitungszeit: ca. 20 Min.
Bei 6 Portionen pro Portion ca.:
750 kJ/180 kcal · 4 g E · 13 g F · 12 g KH

Paßt zu:
Eis, Pudding, Dampfnudeln, Apfel-, Kirsch- oder Topfenstrudel

KLASSISCH

Vanille-Sahnesauce

1 Die Eigelbe mit dem Zucker in einen Rührbecher geben und mit den Schneebesen des Handrührgeräts cremig schlagen.

2 Die Vanilleschote längs aufschlitzen und das Vanillemark herauskratzen. Die Milch mit dem Mark und der Vanilleschote in einem Topf langsam aufkochen lassen.

3 Die Eiercreme hinzufügen und alles bei schwacher Hitze erwärmen. Dabei ständig rühren, bis die Sauce cremig ist. Die Vanilleschote herausnehmen und wegwerfen. Die Sauce etwas abkühlen lassen.

4 Die Sahne nicht ganz steif schlagen und zum Schluß untermischen.

extra

Blitzidee: Anstelle der Vanilleschote Vanillezucker oder Bourbonvanille nehmen.
Idee für die schlanke Linie: Statt Milch und Sahne fettarme Milch verwenden, mit 1 EL Speisestärke glattrühren und köcheln lassen, bis die Sauce cremig wird.

Zutaten für 4 Portionen:
100 g Zartbitterschokolade
3 EL Cognac
3 ganz frische Eier
3 EL Zucker
100 g Sahne

Zubereitungszeit: ca. 20 Min.
Pro Portion ca.: 1315 kJ/315 kcal · 7 g E · 20 g F · 21 g KH

Paßt zu:
warm oder kalt zu Waffeln oder Crêpes, Eis, Pudding und Mousse, gedünsteten Birnen

GUT VORZUBEREITEN

Schokosauce mit Cognac

1 Ein Wasserbad vorbereiten (Seite 114). Die Schokolade zerbröckeln und in dem leicht siedenden Wasserbad schmelzen. Den Cognac untermischen und die Schokolade etwas abkühlen lassen.

2 Die Eier trennen. Die Eigelbe mit dem Zucker in eine Schüssel geben und mit den Schneebesen des Handrührgeräts cremig schlagen. Die geschmolzene Schokolade mit der Sahne unterrühren.

extra

Blitzvariante aus dem Vorrat: Schokosauce aus der Flasche mit Schlagsahne und Cognac mischen.

Mini-Know-How

Damit es schnell und gut klappt: Geräte

Saucen sind so umkompliziert zuzubereiten, daß sie ohne spezielle Geräte gelingen. Aber warum sich die Arbeit nicht erleichtern?

Die **Küchenmaschine** ist nahezu unersetzlich, und je mehr sie kann, desto mehr andere Geräte ersetzt sie. Sie sollte leistungsfähig sein – ein Motor mit 750 Watt z. B. schafft auch den schwersten Teig –, robust und langlebig. Mit einem umfangreichen Zubehör kann man sie zu einem universellen Küchensystem ausbauen und ist so für jede Kochsituation gerüstet. Unumgänglich für die Saucenküche ist der Mixaufsatz, um die Zutaten zu pürieren.

Oft tut's auch der **Pürierstab,** um die Zutaten in die feine saucige Konsistenz zu bringen. Auch wenn man eine fertige Sauce noch schaumig aufschlagen möchte, leistet er gute Dienste.

Wichtig ist auch ein stabiler **Schneebesen** bzw. ein Handrührgerät zum Rühren und Schlagen. Beim Aufschlagen kommt Luft in die Sauce, das macht sie leicht und fein.

Einfache Zubereitung im Mixer

Vor allem zum Pürieren von größeren Mengen ist ein Mixaufsatz praktisch. Alles in den Mixaufsatz füllen **(Step 1).** Im Nu sind alle Zutaten zu der gewünschten Konsistenz verarbeitet **(Step 2).** Warme Saucen müssen danach noch einmal im Topf erhitzt werden **(Step 3).**

1 2 3

Zubereitung im Wasserbad

Im Wasserbad werden Saucen zubereitetet, die ganz behutsam erhitzt werden sollen oder die während des Erwärmens geschlagen werden. Z. B. flocken Eiweiß oder Butter bei zu starker Hitze aus, Eigelb gerinnt. Auch zum Schmelzen von Schokolade wird das Wasserbad eingesetzt.

Es gibt dafür einen doppelwandigen Spezialtopf, in den heißes Wasser eingefüllt und immer knapp unter dem Siedepunkt gehalten wird. Man kann auch einen normalen Topf nehmen und eine feuerfeste Schüssel oder einen zweiten Topf, der hineinpaßt. Auf dem knapp siedenden Wasser werden dann die Zutaten aufgeschlagen.

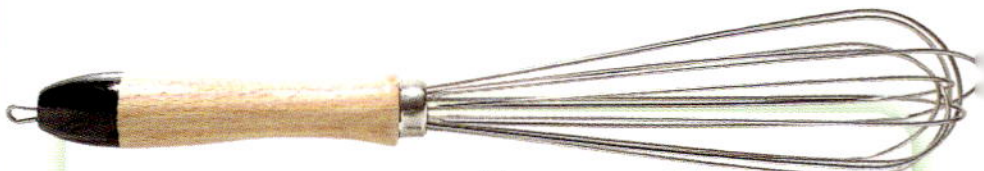

extra

Pannenhilfe für Sauces

Was tun, wenn die Sauce ...

• zu dick geworden ist?

Wasser, Brühe oder Wein dazugießen, durchmixen und, falls nötig, nachwürzen.

• versalzen ist?

2 TL Mehl mit etwas Sahne glattrühren, untermischen und ca. 5 Min. köcheln lassen. Oder 1 rohe Kartoffel fein reiben und in der Sauce gar köcheln lassen. Dann noch mal aufschlagen.

• nicht sämig genug ist?

Sahne oder Crème fraîche dazugeben und einkochen lassen. Tomatenmark, pürierte Paprika oder Senf einrühren und mitköcheln lassen, das ergibt gleichzeitig eine schöne Farbe.

• luftiger sein soll?

Die fertige Sauce mit dem Pürierstab noch mal aufmixen und eventuell ein paar Löffel geschlagene Sahne unterheben. Das ergibt eine leicht schaumige Konsistenz.

Fertigsaucen raffiniert verfeinern

Fertigprodukt helle Sauce

Ein Klassiker zu zartem Fisch, zu Geflügel und Gemüse.

Weißweinsauce
1–2 feingehackte Schalotten in 1 EL Butter dünsten, mit 200 ml trockenem Weißwein ablöschen und um gut die Hälfte reduzieren. Die Sauce dann nach Anleitung zubereiten. Mit einem Hauch Muskat abschmecken.

Senfsauce
1–2 EL Senf nach Geschmack unter die Sauce rühren.

Meerrettichsauce
1–3 EL Meerrettich aus dem Glas (scharf oder mild) und 100 g geschlagene Sahne unterrühren.

Knoblauchsauce
Einige gehackte Knoblauchzehen in Butter dünsten. Dann die Sauce mit dem Knoblauch zubereiten. Nach Belieben 1 EL gehackte Petersilie unterrühren.

Käsesauce
Beliebigen Käse reiben oder zerdrücken und mit etwas Sahne unter die Sauce rühren, bis er sich aufgelöst hat. Mit Muskat und Zitronensaft abschmecken.

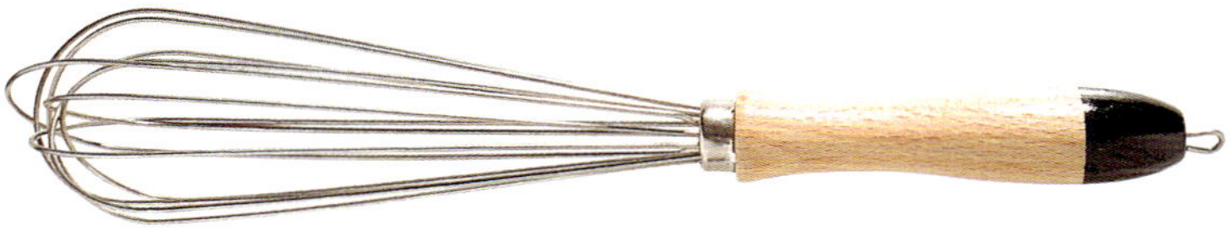

Fertigprodukt Tomatensauce

Sie ist typisch zu Nudeln, hier paßt sie immer und in jeder Variante.

mit Kräuter-Knoblauch
1–2 Knoblauchzehen dünsten, die Sauce dazugeben und zum Schluß gehackte Kräuter.

mit Mascarpone
250 g Mascarpone unter die Sauce rühren. Mit Zitronensaft abschmecken und mit Pfeffer würzen.

mit Pilzen
500 g Champignons in dünnen Scheiben und 1 gehackte Zwiebel in 2 EL Olivenöl dünsten, bis fast alle Flüssigkeit verdampft ist. Mit Tomatensauce aufgießen und würzen.

mit Thunfisch
1 Dose zerpflückten Thunfisch und 2–3 EL Kapern in die Sauce rühren und erwärmen.

Fertigprodukt dunkle Sauce

Sie begleiten Braten, Steaks, Koteletts oder Wild. Zum Abwandeln erst die Packerlsauce zubereiten und dann wie folgt abwandeln:

Rotweinsauce
Circa 100 ml Portwein oder kräftigen Rotwein zur Sauce geben und um etwa ein Drittel einkochen lassen.

Pilzsauce
Circa 30 g getrocknete Morcheln oder Steinpilze einweichen, fein hacken und in 1 EL Butter andünsten. Die Sauce mit dem Einweichwasser zubereiten, die Pilze dazugeben.

Cognacsauce
1 feingehackte Zwiebel in Butter dünsten, mit ca. 6 cl Cognac (oder Sherry) ablöschen, fast einkochen lassen und in die Sauce rühren.

Wildsauce
1–2 EL Johannisbeergelee, Hagebuttenmark oder Preiselbeeren und Sahne oder Crème fraîche in die Sauce rühren und cremig einkochen lassen. Nach Belieben ca. 100 ml Orangensaft und 1–2 EL -marmelade unterrühren.

Coole Dips für feurige Feten

Mit Dips machen Ihnen Überraschungsgäste keinen Streß mehr. Einige Saucen aus diesem Buch kann man prima zum Dip abwandeln (welche, finden Sie in der Tabelle Seite 119/120). Die folgenden Dips sind im Handumdrehen zubereitet:

Pesto-Quark-Dip
4–5 EL Pesto aus dem Glas mit 250 g Quark verrühren, nach Belieben noch Knoblauch dazupressen.

Kichererbsen-Dip
1 Dose Kichererbsen (abgetropft) mit 2 Knoblauchzehen und 3 EL Olivenöl pürieren. Mit Zitronensaft, Salz, Pfeffer und Kreuzkümmel abschmecken.

Paprikadip
Geschälte Paprikaschoten aus dem Glas (ca. 400 g Inhalt) pürieren. Mit Salz, Pfeffer und Cayennepfeffer abschmecken, Knoblauch und Kräuter unterrühren.

Oliven-Käse-Dip
200 g Schafkäse mit 100 g schwarzen Oliven und 150 g Joghurt pürieren. Mit Salz und Pfeffer abschmecken.

Bananen-Curry-Dip
2–3 Bananen mit 1–2 EL Zitronensaft, 4 EL Joghurt und 1 EL Currypulver pürieren. Mit Salz und Pfeffer abschmecken, nach Belieben Kokosflocken unterrühren.

Erdnuß-Kokos-Dip
250 g Erdnußbutter mit Milch glattrühren und 2 EL Kokosflocken untermischen. Mit Salz, Pfeffer und Zitronensaft abschmecken.

Thunfischdip
1–2 Dosen Thunfisch abtropfen lassen und mit 3–6 EL Ketchup pürieren. Mit Salz, Pfeffer und Cayennepfeffer abschmecken.

1

2

3

Das paßt zu Dips

Servieren Sie dazu Knabbergebäck: Chips, Nachos, Grissini – alles gibt es in verschiedenen Geschmacksnuancen **(Step 1)**. Auch knackiges Gemüse wie Möhren, Stangensellerie, Gurke, Paprikaschoten, Chicorée, knabbergerecht in Form geschnitten, paßt prima **(Step 2)**. Außerdem machen sich Dips auch toll auf Brot. Reichen Sie verschiedene Brotsorten **(Step 3)** – schon sind Sie für einen spontanen Brunch gewappnet.

Saucen servieren und anrichten

Heute werden die Gerichte meistens mit der Sauce auf Tellern angerichtet. Wer das nicht möchte oder wo das nicht paßt, füllt man die Sauce in eine Schüssel, einen kleinen Krug oder in eine Sauciere. Wichtig ist auf jeden Fall ein Saucenschöpflöffel. Saucenfans können sich auch spezielle Saucenlöffel (auch: Gourmetlöffel) zulegen. Das sind Löffel, die auf der einen Seite etwas flacher sind als Suppenlöffel, damit man die Sauce gut damit auflöffeln kann.

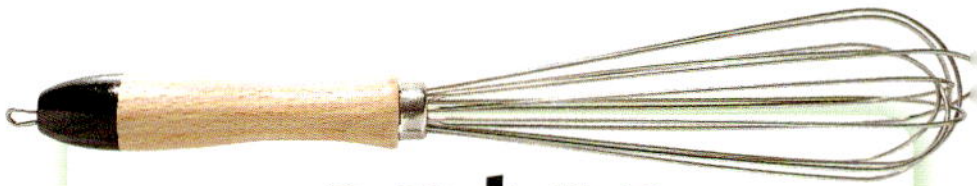

extra

Vorratstips für Saucenfans

Mit folgenden Zutaten im Vorrat können Sie jederzeit eine Sauce »zaubern«, auch die, die in der Tabelle auf Seite 118/119 aufgeführt sind.

Brühe oder Fonds
Tomaten (Dose oder Tetrapack)
Sahne, Kochsahne, Créme fraîche oder saure Sahne/Joghurt
Mayonnaise
Thunfisch (Dose)
Senf, am besten mehrere Sorten
Meerrettich (Glas)
Kapern
Kräuter (tiefgekühlt oder gefriergetrocknet)
geschälte Paprika (Glas)
Salami, Räucherspeck
Obstkonserven
Chips, Nachos etc.

Schlank mit Slim-Line-Saucen

Es ist gar nicht so schwer, gut zu essen, ohne daß gleich die Hose kneift, wenn man ein paar Tricks kennt.

Kalorienarm binden

Das kann man mit Schmand, saurer Sahne oder Sahnequark. Diese »Fettarmen« aber erst in die fertige Sauce rühren und nicht mehr kochen, damit sie nicht ausflocken.
Die gute alte **Mehlschwitze** ist in Maßen weniger fett als eine üppige Sahneportion. Dafür in zerlassenem Fett 1 TL–1 EL Mehl anschwitzen und mit Brühe oder Milch aufgießen und köcheln lassen.
Dasselbe Ergebnis bringt **Speisestärke:** Sie wird in kaltem Wasser angerührt und in der Sauce mitgeköchelt, bis sie andickt.
Auch **Soßenbinder** liefert kaum zusätzliche Kalorien: Einfach in die kochende Flüssigkeit einrühren, ca. 1 Min. köcheln lassen – fertig.
Für **Käsesaucen** lieber fettarme Käsesorten verwenden. Es gibt schon gute, die nur 20 oder 30 % Fett haben. In Magermilch statt Sahne auflösen.

So werden Saucen schlank

Eine cremige Bindung entsteht, wenn man 1 mehligkochende Kartoffel fein raspelt und mit den übrigen Saucenzutaten mitkocht **(Step 1).** Wird die Sauce dann püriert, hat sie durch die Stärke der Kartoffel eine leichte Bindung bekommen. Blitztip: Instant-Kartoffelpüree einrühren und mitkochen, das erfüllt denselben Zweck.
Um fertige Saucen zu entfetten, gibt es spezielle »Fettabschöpfer«, bei denen das Fett oben bleibt und man die entfettete Sauce ausgießen kann. Oder, wo das geht, die Sauce erkalten lassen und das erstarrte Fett abnehmen **(Step 2).**

- Schinken oder Salami in Pastasaucen schlagen kalorienmäßig ganz schön zu Buche. Das läßt sich mit magerem Putenschinken, Geflügelwurst oder Salami »light« vermeiden.
- Salatsaucen müssen nicht immer aus Essig und Öl bestehen. Magermilchjoghurt, Zitronensaft, Knoblauch und Kräuter sind eine erfrischende, figurfreundliche Variante.

Fettsparen schon bei den Zutaten

Daß Fett (und Zucker) für überflüssige Pfunde verantwortlich sind, ist hinreichend bekannt. Tauschen Sie so aus:

fettreich	fettarm
Crème fraîche, Sahne	saure Sahne, Schmand
Sahne	Milch
Schmand	Joghurt
saure Sahne	Quarkcreme 0,2 %
Joghurt, Milch	Magerstufe
Gorgonzola 50 % Fett i.Tr.	halbfetter Edelpilzkäse
Gouda, Edamer 45 %	Gouda 30 %
Doppelrahmfrischkäse 60 %	Frischkäse »leicht«
Sahnequark 40 %	Quarkcreme 0,2 %
Salami	Kasseler oder Salami »leicht«
roher Schinken	gekochter Schinken ohne Fettrand
schwarze Oliven	grüne Oliven

1

2

3

Gemüsesaucen sind die besten schlanken Saucen. Sie bestehen idealerweise fast nur aus püriertem gedünstetem Gemüse und haben deshalb kaum Kalorien. Folgende Gemüsesorten eignen sich besonders gut: Zucchini, geschälte Paprikaschoten, Tomaten, Kürbis, Möhren und Kartoffeln. Die gegarten Zutaten werden im Mixaufsatz püriert **(Step 3).** Unterstreichen Sie das Aroma mit frischgehackten Kräutern. Da Fett aber auch ein Geschmacksträger ist und manche Vitamine erst verwertbar macht (z. B. in Möhren), können Sie noch etwas Olivenöl, Sahne oder Crème fraîche unterrühren.
Süße Saucen können Sie ebenfalls ohne schlechtes Gewissen genießen. Wenn Sie Vollmilch schlagen, kommt viel Luft darunter, und Sie können Sahne damit ersetzen. Zucker ersetzen Sie durch flüssigen Süßstoff.

Auf einen Blick

Was paßt wozu?	Seite	paßt zu	Geschmacks-nuance	auch als Dip	schlanke Sauce	gut vor-zubereiten	preiswert	Aus dem Vorrat
Buttersauce	6	Fleisch, Fisch	fein					
Geflügelfond	8	helle Saucen	fein			•		
Brauner Bratenfond	8	Braten	deftig			•	•	
Fischfond	10	Fisch				•	•	
Gemüsefond	10	Gemüse	fein			•	•	
Sauce hollandaise	12	Gemüse, Fisch	fein					
Sauce béarnaise	12	Fleisch, Gemüse	fein					
Béchamelsauce	14	Gemüse, Fleisch	fein			•	•	•
Mayonnaise	16	Fisch, Fleisch	fein	•		•	•	•
Vinaigrette	18	Salat	fein		•	•	•	•
Zitronensauce	18	Fleisch, Fisch	fein		•	•	•	•
Zitronensahne mit Garnelen	20	Nudeln, Fisch	fein					
Lachssahne mit Kresse	22	Nudeln	deftig			•		
Artischockensauce	22	Nudeln	deftig	•	•			•
Chicoréesauce mit Hähnchen	24	Nudeln	deftig					
Mettsauce mit Rotwein	24	Nudeln	deftig			•		
Radicchiosauce mit Schinken	26	Nudeln	deftig					
Putenlebersauce	26	Nudeln	deftig					
Spinatsauce mit Schafkäse	28	Nudeln	deftig					•
Kalbssugo mit Zitrone	28	Nudeln	fein			•		
Champignon-Kräuter-Sauce	30	Nudeln	deftig				•	
Fenchelsauce mit Gorgonzola	30	Nudeln	deftig			•		
Broccoli-Parmesan-Sauce	32	Nudeln	deftig					•
Dreierlei Käsesauce	32	Nudeln	deftig	•				
Hackfleischsauce	34	Nudeln	deftig			•	•	
Tomatensauce	34	Nudeln	fein		•	•	•	
Lammsugo mit Rotwein	36	Nudeln	deftig			•		
Gorgonzolasauce	36	Nudeln	deftig				•	
Schinken-Gemüse-Sauce	38	Nudeln	deftig			•	•	
Thunfisch-Schalotten-Sauce	38	Nudeln	deftig			•	•	•
Senfsauce mit Cornichons	40	Fleisch	deftig	•				
Preiselbeer-Wacholder-Sauce	42	Wild	fein			•		•
Rotwein-Austernpilz-Sauce	42	Fleisch	deftig					
Süß-saure Senfsauce	44	Fleisch	fein				•	•
Zucchinisauce mit Oregano	44	Fleisch	fein		•		•	
Sherry-Champignon-Sauce	46	Fleisch	fein	•				
Kressesauce	46	Geflügel	fein	•	•			
Spanische Tomatensauce	48	Fleisch	deftig		•	•		
Grüne Vermouth-Sauce	48	Fleisch	fein	•				•
Pikante Mandelsauce	50	Fleisch, Geflügel	scharf	•		•	•	
Portwein-Holunder-Sauce	50	Wild	fein					
Morchel-Sahnesauce	52	Fleisch	fein					
Pflaumensauce mit Rotwein	52	Fleisch, Wild	scharf					•
Walnuß-Paprika-Sauce	54	Fleisch					•	
Tomaten-Pfeffer-Sauce	54	Fleisch	scharf		•			
Apfel-Balsamico-Sauce	56	Wild	deftig	•	•		•	
Rote-Bohnen-Sauce	56	Fleisch	scharf	•	•	•		•
Schalotten-Rosinen-Sauce	58	Fleisch, Wild	scharf					
Biersauce mit Schnittlauch	58	Fleisch	deftig				•	•
Rote-Bete-Meerrettich-Sauce	60	Fisch	scharf					
Limettensabayon	62	Fisch	fein		•			

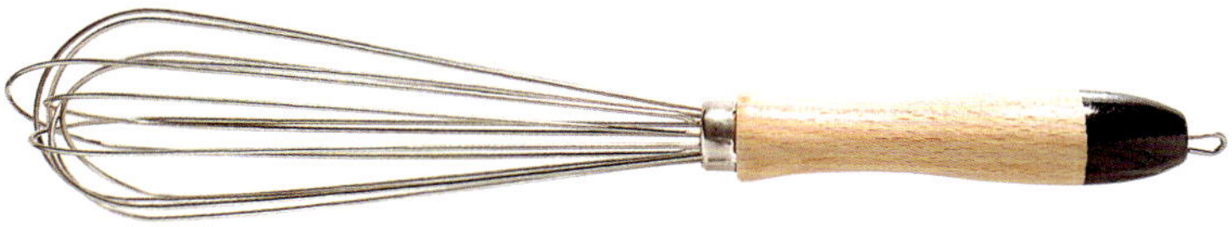

Was paßt wozu?	Seite	paßt zu	Geschmacks-nuance	auch als Dip	schlanke Sauce	gut vor-zubereiten	preiswert	Aus dem Vorrat
Schalotten-Safran-Sauce	62	Fisch	fein		•		•	•
Möhrensauce mit Ingwer	64	Fisch	fein		•		•	
Cidresauce mit Estragon	64	Fisch	fein					
Kräutersahne-Sauce	66	Fisch, Gemüse	fein				•	•
Süß-saure Mangosauce	66	Fisch	scharf	•	•	•		
Kürbis-Grapefruit-Sauce	68	Fisch	fein	•		•	•	
Erbsensauce mit Kräutern	68	Fisch	deftig				•	•
Tomaten-Kapern-Sauce	70	Fisch	deftig		•		•	
Zucchini-Austernpilz-Sauce	70	Fisch, Gemüse	fein		•			
Fenchelsahne	72	Fisch	deftig				•	
Orangensauce mit Balsamico	72	Fisch	fein		•			
Avocadosauce	74	Fisch	fein	•				
Kartoffel-Knoblauch-Sauce	74	Fisch	fein				•	
Curry-Mandel-Sauce	76	Fisch	scharf	•			•	
Sellerie-Mascarpone-Sauce	76	Fisch	scharf					
Koriander-Erdnuß-Sauce	78	Fisch	deftig					
Kartoffelsauce mit Schalotten	78	Fisch	fein				•	•
Gemüsesauce mit Kräutern	80	Nudeln, Fisch	deftig	•	•	•	•	
Gelbe-Linsen-Sauce	80	Fisch	deftig	•		•	•	
Dreifarbige Paprikasauce	82	Fleisch	deftig		•	•	•	
Scharfe Erdnuß-Sauce	84	Geflügel, Fondue	scharf			•		•
Tomatensauce mit saurer Sahne	8	Nudeln, Fleisch	fein	•	•	•	•	
Thunfischcreme	86	Fleisch, Nudeln	deftig	•		•	•	
Süß-saurer Aprikosendip	86	Fleisch, Fisch	scharf	•	•	•	•	•
Artischockendip mit Pecorino	88	Fleisch, Gemüse	deftig	•		•		
Kräuter-Quark-Dip	88	Gemüse, Fleisch	deftig	•		•	•	
Auberginendip mit Oliven	90	Vorspeisen	deftig	•		•		
Salsa verde	90	Fleisch	deftig	•		•	•	
Tomaten-Robiola-Pesto	92	Fondue, Nudeln	deftig	•		•		
Maisdip mit Paprika	92	Chips, Fleisch	deftig	•		•	•	
Avocadodip	94	Nachos, Fleisch	deftig	•		•		
Pesto	94	Nudeln	deftig	•		•		
Eier-Senf-Dip	96	Gemüse, Chips	fein	•		•	•	
Gurkendip mit Oliven	96	Vorspeise, Fleisch	deftig	•		•	•	
Bohnendip	98	Chips, Fleisch	scharf	•		•		•
Tomaten-Frischkäse-Dip	98	Rösti, Nudeln	fein	•		•	•	
Ananas-Mango-Sauce	100	Eis, Pudding	süß		•	•		
Himbeersauce	102	Eis, Mousse	süß		•	•	•	•
Grapefruitsauce	102	Fruchtsülze	süß		•	•	•	
Lychee-Kokos-Sauce mit Rum	104	Obst	süß			•		
Walnuß-Orangen-Sauce	104	Obst, Eis	süß					
Ingwersauce	106	Obst, Kuchen	süß				•	
Holunderschaum	106	Pudding, Auflauf	süß		•			
Eierlikörsauce	108	Kompott, Torte	süß			•		
Ahornsauce	108	Eis, Pancakes	süß					•
Maronensauce	110	Waffeln, Eis	süß					
Campari-Sabayon	110	Eis, Obst	süß		•			
Vanille-Sahnesauce	112	Eis, Pudding	süß			•	•	
Schokosauce mit Cognac	112	Waffeln, Eis	süß				•	

Register von A bis Z

Impressum

Die Autorin
Cornelia Adam arbeitete zunächst als engagierte Hotelfachfrau. Später konnte sie ihre vielfältigen Erfahrungen berufsbedingter Auslandsaufenthalte als Redakteurin einer bekannten deutschen Frauenzeitschrift in Wort und Bild umsetzen. Seit langem arbeitet sie als freiberufliche Food-Journalistin und Kochbuchautorin.

Der Fotograf
Michael Brauner, Food Fotografie
Nach Abschluß der Fotoschule in Berlin arbeitete er als Fotoassistent bei namhaften Fotografen in Frankreich und Deutschland und machte sich dann 1984 selbständig. Sein individueller, atmosphärischer Stil wird überall geschätzt: in der Werbung ebenso wie in vielen bekannten Verlagen. In seinem Studio in Karlsruhe setzt er die Rezepte zahlreicher GU-Titel stimmungsvoll ins Bild.

Danksagung
Ein ganz herzliches Dankeschön sprechen wir der KENWOOD Elektrogeräte GmbH, Herrn Jordan und Frau Schläfer aus, die uns die Küchenmaschine Kenwood Chef classic KM 400 mit MIxaufsatz zur Verfügung gestellt haben. Sie sehen sie auf Seite 94, 100, 104, 114. Den Mixaufsatz sehen Sie in Aktion auf S. 114 (Foto 1 + 2), und 117 (Foto 3).

Abkürzungen
TL = Teelöffel
EL = Eßlöffel
Msp. = Messerspitze
kJ = Kilojoule
kcal = Kilokalorien

Redaktion: Dr. Stephanie v. Werz-Kovac, Barbara Fleig
Lektorat: Adelheid Schmidt-Thomé
Fotografie: Michael Brauner
Typografie und Layout: Kraxenberger KommunikationsHaus GmbH
Herstellung: Verena Römer
Satz: Johannes Kojer
Reproduktion: Repro Schmidt, Dornbirn/Austria
Druck: Appl
Bindung: Monheim

ISBN 3-7742-1696-7

Auflage	5.	4.	3.	2.	1.
Jahr	04	03	02	01	2000

Ihr Gräfe und Unzer Verlag
Redaktion Kochen
Postfach 86 03 25
81630 München
Fax: 0 89/4 19 81 - 113

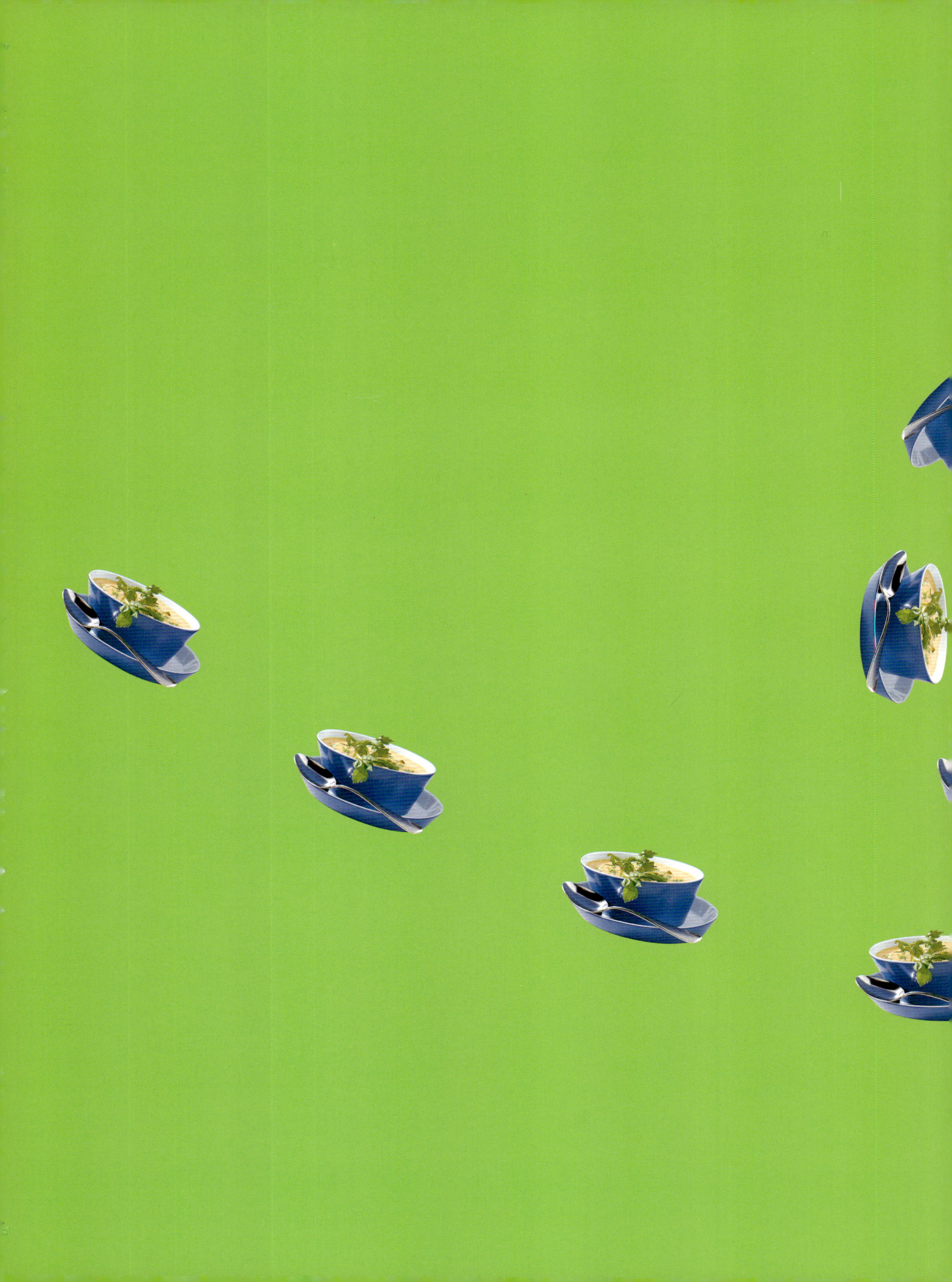